塾の水脈

小久保明浩

武蔵野美術大学出版局
MAUライブラリー——02

塾の水脈　目次

装幀――高麗隆彦
カヴァー写真――廣瀬淡窓「休道の詩」(廣瀬宗家所蔵)

はじめに

　第二次世界大戦後、日本の教育のあり方はアメリカ占領軍の影響もあって、大きな方向転換をするかに見えた。戦前の中央集権的な教育行政、教科書を中心にすえた記憶中心の学習などが批判され、新たな教育が構築されていくかに見えていた。しかし、昭和二十年代後半からの教育の歴史は、受験中心の方向に流れていき、戦前以上の塾の繁栄をもたらすことになってしまった。

　昭和三十年代に開始される経済の高度成長は、家庭経済に余裕をもたらし、その象徴としての高校への急激な進学率の上昇を示していく。高校進学の受験競争の激化により、大学や小・中学校までを含めて、日本教育全体が、受験・進学へベクトルを向けていくようになっていった。

　教育が受験体制に組み込まれていくなかで、学校教育制度の外部に塾を増殖させていった。進学塾、補習塾といった、教育制度の教育に添いながら、学校とは別の教育機関としての塾が各地域に設けられ、維持されていく。しかも塾は個々の存在としてばかりでなく、学習や経営のノウハウを挺にして、数校の或いは数十の塾を擁する巨大な学習機関が見受けられるようになって、全国に拡大していった。さらに塾の組織が株式会社となったものまで現れている。

学校以外の場所に設けられた塾に児童・生徒が、放課後、あるいは休日に通って二重の学習が行われていくことが普通に見受けられるようになっていった。こうした塾通いの氾濫をマスコミは「乱塾時代」と評した。

第二次世界大戦後に広範に見受けられるようになった塾は、戦前から存在していた。「受験競争、浪人、学習塾、……と並べたてていくと、入試をめぐるさまざまな問題は、現代の固有な現象と錯覚しがちになる。しかし、人気のある学校に入学志願者が押しよせる傾向は、昔も今も変りはない。したがって、学校制度が整備される明治三十年代頃から、受験競争が激化し始める。戦前の選抜制度は大別して①（旧制）中学入試と、②（旧制）高校入試との二つの節目が認められ、前者は県レベルの、そして後者は、全国レベルでの選抜の機能を果していた[1]」。「そこで、問題となるのは、入試倍率が高くなれば、当然、受験勉強が始まることになる。その勉強をどういう形で行ったかであろう[2]」として具体的な課外授業、塾、学校での補習教育の事例を挙げているのは深谷昌志の文章である。入試の激化に伴ってそのための塾も生まれているとしている。

ところでひるがえって考えてみると、塾は近世の教育機関として発達してきた。時代を経るにしたがって、その数を増し、その内容を多様化させていった。そして近世の教育の重要な担い手に成長していった。したがって日本教育史の中で、塾は近世の教育機関の一つとして必ず説明されている。しかし塾の記述は近世期で終わっている。数年前、私の研究室を訪れたイギリスの日本教育史の研究者であるマーガレット・メール女史にその点を指摘された。近世から現代にかけて、塾はどのような変化を見せながら現代に至ったのだろうか。表面に現れた塾の水流がどのような水脈を辿って、現代という時代に噴出するのであろうか。いわば塾の歴史の失われた環を追求してみたいと思うのである。

第一章　塾の胎動

近世の塾の在り様の概観をしておこう。塾の歴史の連続が、近代の塾に大なり小なり、影響を与えているると思われるからである。近世三百年の塾の教育の重なりが、当然のことながら、次代の教育に深く関わってくることになるからである。

林羅山と林家塾

塾の胎動は、戦国時代末期、京都に始まる。林羅山と松永尺五が、塾を開いた二人の人物とされている。林羅山は天正十一（一五八三）年、京都の四条で生まれた。文禄四（一五九五）年建仁寺に入り学問の手ほどきを受け漢籍なども学んでいった。僧になることを期待されたが、仏門に入らず家に帰って、書物を借覧し、書写しながら、宋儒の書物である四書五経の研鑽にはげんでいった。羅山二十一歳の時、慶長八（一六〇三）年、京都ではじめて『論語集註』の講義をしたとされている。翌年、かねてからその名声を謳われていた儒者藤原惺窩と会うことができ、親交を結び、いろいろと教えられた。慶長十一年京都の二条城に入った徳川家康は、羅山を招き、学問について尋ねている。家康はこの年将軍職を次男秀忠に譲り駿府に移る。羅山は以後家康の死まで、駿府と京都の間を往復しながら、政治や文教の諮問に応ずることとなる。この間京都に在る時は、惺窩を訪ね、学問の門弟の指導にあたった。

家光が元和九（一六二三）年に将軍となってからは、羅山は江戸に住んで、施政の顧問となった。そして家光は寛永七（一六三〇）年冬、林羅山に上野の忍岡に五千三百五十三坪の地を与え、学寮を営ませた。九年には名古屋藩主徳川義直が先聖殿を寄進し、この地には林家の建てた塾舎と文庫、義直寄進による聖廟が整ったことになる。この塾が林家塾である。幕府の援助の許で成立した塾であった。以後この塾は代々林家の子孫によって受けつがれていく。

松永尺五と私塾春秋館・講習堂

では松永尺五の場合はどうであったろうか。松永尺五は文禄元（一五九二）年、京都の三条衣棚に生まれた。関ケ原の戦いの九年前である。尺五は連歌師の松永貞徳の息子であった。貞徳も寛永三（一六二六）年頃には若者たちに手習いや素読を教えていた。新井白石の『退私録稿』に「先生曰、某弱冠なりし時には、書の句読などを教る人世に伝はらず。師貞徳の京都にて手習事を教へて、素読と云事をも教へられしに、故学士、林子兄弟、某なども習ひ侍し。某も五六歳より是に付て貞徳に親近し侍し。七歳の比眼を患ひて八歳より又学び侍しなり」という文章がある。解説によれば「故学士は、古学先生と呼ばれた伊藤仁斎、林子兄弟は羅山の子息と思はれる。仁斎は寛永四年京都堀河に生れてゐる。林子兄弟は一般には夭折した長男、二男を除き、三男春斎、四男守勝を呼ぶやうである。春斎は元和四年生れ、寛永三年には九歳。守勝は寛永六年生れである。尚次男長吉は元和六年五歳で没してゐるから問題にならないが、長男叔勝は寛永三年に十四歳だから、貞徳の教を受けたかもしれない。尤も叔勝関係の記事は、『羅山先生全集』には屢ゝ見られるが、貞徳に学んだ徴証は未だ得ない。羅山が貞徳に子弟の教育を依頼したのは、妻子を京の家に残したまゝ、幕府に仕へて東西に奔走席の暖まる間がなく、自ら之に当れなかつた故である。従つて、羅山子弟が貞徳の教育を受けたのは、羅山一家の江戸移住の寛永十一年以前、即ち叔勝二十二歳、春斎十七歳、守勝十一歳の年までである。以上によつて、この私塾には、大体五、六歳から十二歳位の幼少年が入学してゐたと考へられる[1]」としている。ちなみに『退私録稿』の「某」は木下順庵である。彼らが貞徳の塾で学んでいた頃、尺五はすでに三十五歳になっており、むしろ、教師としての地位になっていたであろう。

尺五は六歳の時、母に死別している。子供は尺五一人であった。その五年後尺五が十一歳の時、貞徳は尺五の師として藤原惺窩を選んだ。惺窩は松永家とは遠縁にあたり、朱子の新註による儒学を教えていく。尺五の学問への精進は慶長九（一六〇四）年に、大坂城中で、豊臣秀頼に『書経』を講ずるまでになっていった。尺五は十三歳であった。尺五の学問は貞徳と共に、年少の子弟を教育するかたわら、自己の儒学への指向を強めていき、門弟も増えていった。その結果、寛永五（一六二八）年、京都西洞院二条南に私塾春秋館を設けることとなった。私宅と別の場所である。この前後、尺五は加賀藩で講義などを行っている。

寛永十四（一六三七）年には新たに私塾講習堂を設けた。場所は堀川二条南である。この土地は、尺五の学徳を尊崇していた所司代の板倉重宗が与えたもので、建物にも資金を提供している。以後講習堂は代々儒家として、明治二十年代まで存続することとなる。

十六世紀末、混沌とした戦国末期に新たに展開をみせていく、近世の儒学は京都の地に開花した。藤原惺窩の首唱する朱子学は新鮮な学問として、当時の若い世代に滲透していった。そういう中から林羅山、松永尺五が塾を開いていくことになる。しかし、二つの塾の方向は対照的であった。林羅山は、江戸に幕府の援助を得て林家塾を創始した。他方松永尺五は京都の市井の地に私塾春秋館、講習堂を開き、伊藤仁斎の古義堂とともに、京都を代表する私塾として存続することとなる。

近世の塾は幕府や藩と関わりをもちながら存在した家塾と、そうした権力からは全く自由に設立運営された私塾に大別することができよう。これらの塾がどのように展開していくのかをみてみよう。

第二章　家塾の拡がり

家塾と藩校

松永尺五が開いた私塾、春秋館や講習堂で学んだ門弟達の中から藩の儒者となる者が出てくる。尺五が加賀藩に仕えた関係からか、木下順庵、平岩仙山、松永永三（尺五の子）などが金沢で儒学を講じており、安東省庵は柳川藩儒となった。尺五の門から出た木下順庵はまた多くの門弟を育て、その主な者は、新井白石、室鳩巣、雨森芳洲、祇園南海、柳原篁洲などであり、それぞれ幕府や藩の儒者として活躍していった。その活動の中に家塾の存在が見えてくる。

松永尺五に関してみたが、林羅山の場合も同じようなものであった。羅山の塾の入門簿は『升堂記』として残されているが、明治期までの姓名が記されている。石川謙『日本学校史の研究』によれば、林家塾出身の藩儒は八十二藩におよび三百十一名を数える。

藩儒となった者は講習堂、林家塾出身者ばかりでなく、時代を経るに従って、私塾・家塾が増加し、学問の系統も多様になっていく。笠井助治の『近世藩校に於ける学統学派の研究』では、学問の師弟関係を中心とした系譜を、陽明学派、闇斎学派、仁斎学派、徂徠学派、折衷学派、林家朱子学派・昌平学派の六つの学派に分類しまとめている。ちなみに陽明学派は中江藤樹、闇斎学派は山崎闇斎、仁斎学派は伊藤仁斎、徂徠学派は荻生徂徠の学問の系統をひき継いだものとされている。

全国的な広がりを見せていく、儒学の拡がりと儒者の活動は、主に城中の書院などで儒者が家臣(時には城主を交えて)に儒学の講釈や講義を聴聞させることであった。もちろん学問をより深く学ぶ者のためには塾も設けられてはいた。が、こうした学習活動をより深く、より広範に藩士に与えようとする動きが江戸時代の中頃から盛んになってくる。

それは近世の幕府・藩を支配権力とした体制が、経済的にも政治的にも破綻を見せ始めることと対応していた。行き詰まりの状況を打開するために諸藩では藩政の改革を断行する例が見受けられた。そうした藩政の頽勢の回復の一助として、すぐれた人材を養成することをはかろうとしたところに藩学校が数多く設立される所以があった。会津藩の日新館、萩藩の明倫館、熊本藩の時習館などは、壮大な建築物を構え、そこで行われる教育も、組織化された、独特な学風を持つものとして形成されていった。

しかし、藩校が成立することで、すべての家塾が消滅していったわけではない。藩校と家塾が併存して教育を行っていった藩が数多く存在したのである。

桑名藩の場合——藩校立教館と家塾

桑名藩の松平家は転封を繰り返したが、文政六（一八二三）年伊勢桑名に定着した。藩校は「楽翁公の命名に係り、立教館と称し、程朱の学を宗とし、敬神道義を教うる所とす。故に館内正面に神棚を設け、その中央に大神宮の御祓を安置し、左方に東照宮遺訓および藩祖定綱公勧学家訓、右方に楽翁公親筆の四書五経を備え、年初開校には、教授をして『白鹿洞書院掲示』を講ぜしめ、また学頭をして楽翁公著『立教館令条』を朗読せしめ、また毎月二、七の日には、教授または学頭をして『小学』・四書を講ぜしめ、これを総聴講と称えて学生のみならず藩士一般にも聴講せしめたり。故に講義の節は毎会老職・横目各一人臨場監督したり。また毎五の日、学頭は生徒一同に対し、楽翁公著『童蒙訓』を読み聞かせたり。これは極めて通俗的に親や長者に仕うるの道は勿論、童幼の心得行状等を記したるものなれば、十歳の幼者にも分り易きものなるも、学頭はなお読了後にその意味を一層平易なる言語にて説き聞かすこともあ（1）」った。

日常の教育は生徒を三分して、素読生、対読生、会業堂生即ち講義生とした。素読生には四書五経の素読を口授し、生徒を幾つかに分けて句読師が担当した。対読生には、『左氏伝』『史記』『漢書』『綱鑑補』を授けるとともに、句読師筆頭四人が受け持ち、独看してほぼその意義が了解出来る段階まで教育していった。講義生には幅広く経・史・諸子・論策等を読ませ制限を加えず、教授学頭がこれに当たった。

立教館の教育は大略以上のようなものであった。安政四（一八五七）年正月九歳で立教館に入門した加太邦憲によれば、入門二年前から、漢学の教育を経験していた。「安政二年よりは、隣町に大塚桂（号、晩香）とて藩の学頭を勤むる漢学者あり、これより『唐詩選』『三体詩』の手本を受け、家庭にて習字または読書を学び、翌年の夏より大塚私塾に通学し、読書・習字を為〔2〕」すこととなった。「藩校立教館に入門し、大塚と双方において学問す。藩の制、私塾において勉学するものといえども、藩校の入学は欠くべからざることとなりし故、私塾には早朝に行き、多少の読書・習字を為したる後、藩校に出席し、午後は十日に二回藩校に出席し復読するほか、私塾にて勉強〔3〕」することとなった。そして「これより十六歳までの間は、日々立教館と大塚私塾とにおいて勉学〔4〕」していった。

ところで、「維新前、桑名学界にて名ありしは教授南合竜橋（果堂）・同秋山五郎治（蝸庵）・学頭清水新六（積翠）・同大塚桂（晩香）・同井上右仲（竹陵）・同町田与左衛門（後凋）・同山崎内蔵太（鶴浦）・同加藤泰得（毅堂）なりき。右の内、私塾を開き居たるは清水・大塚・井上の三人なりしが、井上は、後、横目役を拝したる故、学生を山崎に託したり。しかして右儒者中、南合・井上の両人は事務の才幹もありたれば、南合は郡代役、井上は横目役をも勤めたり〔5〕」と述べられている。学頭という位置の儒者六名の中で、三名が塾を開いており、後には二名になっている。塾を持つか否かは教師の随意に任されていたのだろうか。

膳所藩の場合――藩校遵義堂と家塾

つぎは膳所藩の場合である。六万石の膳所藩校遵義堂に万延元（一八六〇）年、六歳で入学したのが杉浦重剛であった。以下は杉浦の回想である。

「遵義堂の規定では八歳より入学することになつて居つたが、予は六歳の正月より入学を許可されたので、机を並べた学友に較べて、いかにも自分が目立つて小さかつた様に思ふ。是れより十四歳の春まで、こゝに教を受けた。〔略〕

習字　毎日朝五ツ時（今の午前八時）より九ツ時（今の正午）に至るまで、遵義堂において習字の稽古をするのが規定であつた。〔略〕午後も引つゞいて稽古をした様に思ふ。一日の稽古に用ひた草紙の冊数は、四字書（二字二行）は昼まで十冊、昼後五冊、六字書（三字二行）は昼まで八冊、昼後四冊、十二字書（四字三行）は昼まで五冊、昼後三冊で一冊の紙数は十五枚よりは減じてはならなかつた。流儀は御家流で、まづ『いろは』から始め、『数字』『名頭』『国尽』『京町尽』『商売往来』『庭訓往来』等を教へられた。予は『商売往来』は習はなかつたが、父が特別の希望と言ふ訳で唐様をも教はり、楷書を習つたこともある。〔略〕

素読　素読は手習の時間内において、順次に学ばしめられたものである。主に四書五経の素読で、これ以上は一定しなかつたが、『蒙求』『十八史略』『左伝』『八大家』の類であつた。予はこの外明鑑易知録なども素読した様に記憶する。〔略〕十四、五歳までにこれだけの素読をするのは、可なりの重荷であつたに相違ない。学才の秀でたものはずん〳〵進んで行くが、記憶力の薄いものになると、一章一節でも容易でなかつた。〔略〕互に自分でも幾回とも幾十回とも繰返して読む必要のあつた上高組に進むと共に下組生のために教へてやらねばならぬ役目も増してくるので、実際においては数の知れないほど繰返して素読するので、いつしか文句はそのまゝに暗誦してしまふ。〔略〕

朝習　酷暑の時は朝習といつて、未明（午前四時頃）より五ツ半（午前九時頃）まで遵義堂にて習字の稽古をした。今日の様に長い暑中休暇はなかつたもので、盆の前後四、五日位の休暇であつた。冬休みは比較的に長く暮の廿日頃より正月にかけ廿日位もあつたので、子供心に楽しい冬休みが待ち遠しかつた。〔略〕

講釈　毎月二、八の日が表講釈の定日となつて居つた。常日は頭取（教授）が出席されて、経書を講ぜられた。その時は藩主も臨席されることがあり、家老以下御一家中の人々が席を列ねて聴聞された。二、八を除いた丁日を内講釈の定日とし、この日には経書以下のものを講ぜられ、頭取（教授）加談（教授心得）が講釈さるゝのであるが、差支のある場合には、記録方が代つて講釈されたもので、朝の五ツ半（午前九時）より四ツ（午前十時）までゞあつた。〔略〕

習礼　〔略〕遵義堂では、小笠原流により、取立世話一人を置いて、之を司らしめ、随意科として之を課せられた。予も十二、三歳の頃、この礼法を少しく学んだこともある。〔略〕

算術　毎月一七の日に授業があり、取立世話一人をおいて之を司らしめたものであるが、之は今の所謂随意科であつた。〔略〕予は遵義堂に於いて算術は学ばなかつたやうに思ふ。

武芸　〔略〕剣術、鎗術、柔術、弓術は遵義堂内の稽古場に於て、修業したものであるが、柔術、弓術の師範の自宅において稽古場を設け、こゝに学ぶものも多かつた。炮術と真術《ママ》とは多く師範役の自宅にて、之を学んだものである。兵学は越後流によつて、時々調練を催したが、維新前に至つて、西洋流の組織に改められた。水練の教授もほゞ同時に初まつた[6]」としている。以上が膳所藩藩校の教育の内容であった。

膳所藩では「藩士の子弟は藩校に学ぶの傍ら、教官の自宅に就いて、素読の教を受け、また難解の箇処を質し、自ら進修を図るのが当時一般の風習であつた。予も亦十一歳より十三歳の間、藩儒高橋〔担堂――筆者注〕、黒田〔麹盧――筆者注〕両先生の教を受け、十四歳の時京都に遊び、岩垣〔月洲――筆者注〕先生の門に入[7]」って、家塾・私塾の教育を受けた。高橋には漢籍を、黒田には漢学、蘭学を、岩垣には漢籍を学んだ。「明治二年となり、予も十五歳の春を迎へた。元服今の所謂丁年に達した訳で、正月遵義堂の句読方に召された[8]」。以後この年、遵義堂蘭学世話人、遵義堂漢学塾舎長を命ぜられている。杉浦の父蕉亭は藩学教授であったが、自分の塾には杉浦を修学させなかった。「予は父が塾を開いて居つたので、予も父と共に漢学を教授しつゝ家の裏に土蔵があつたのを幸に、こゝに会議社といふものを開き、塾生も十人ばかり集つて来た。確かに明治三年の秋の頃のことであつた[9]」と杉浦が家塾を設け、教育を行ったことを述べている。

桑名・膳所の二藩について、藩校と家塾が同時に教育を行っていることを見たが、これらの藩では同一の藩士が対象であった。しかし藩の家塾の中には、他藩士を包摂して教育を展開する例も見られた。小松藩である。

小松藩の場合――藩校養正館と高橋篤山の家塾

小松藩は一万石の四国の小藩である。藩校養正館は天明五（一七八五）年に培達校を改称したものであった。文武の教育のうち、文は漢学と習字を主とし、漢学は素読・講義・輪講会読・自習の方法によっていた。素読には四書五経、『近思録』『古文真宝』『三体詩』『十八史略』などが当てられ、講義は二、七の日に学頭が行った。五、十の日に輪講会読が開かれ、その他毎月数回藩邸内で儒官による講義が行われ、士分以上の者は出席しなければならなかった。

武は弓術、剣術、槍術、馬術、拳法、砲術、兵学などに分かれ、養正館内の練武場か、あるいは各師範役の道場で修業することになっていた。

養正館の創設の時に儒者近藤篤山を迎えて藩校の振興をはかったが、篤山は、自邸内に挹蒼亭と緑竹舎の二塾を設けた。小松藩有志のための塾が挹蒼亭、他藩の士庶の塾が緑竹舎であった。「前者は篤山の本宅に続き、後者は表門から向って左側にあり、前者よりは大規模であった。建物は納屋風の粗末なものであった(10)」。挹蒼亭で学んだ者は、篤山の子、南海・簣山、藩主の弟一柳亀峰、一族一柳幽竹、萱橋洲、遠藤石山、喜多川磧、長谷川汝強、野村良哲、一色範序、芥川箏庵、丹積、近藤礼叔などであった。「緑竹舎には西条藩の日野醸泉(和煦)・日野三楽・伊藤祐道・東春草、天領の垂水仙山・月原操、松山藩の宮原瑤月、新谷藩の児玉暉山、大洲藩の鎌田新澄、鷹尾吉循、宇和島藩の奥山凰鳴・上甲振洋らの俊秀青少年が相前後して集まった。豊後の金谷士範、大和の森田節斎らも寄宿し、但馬国豊岡の池田草庵、彦根の宇津木静区も来訪し、また丹後国綾部の九鬼侯、仙台の国分章、尾張国の山口貴和、松代の佐久間象山は書を寄せて教えを乞い、あるいは深い敬仰の情をよせた。篤山はこれらの子弟や来訪者に対し、極めて厳正に懇切に指導した(11)」と伝えられている。

篤山の没後は、子の南海がこれを継いだ。その門弟には黒川道軌、田岡俊三郎（以上小松藩士）、尾埼山人（西条藩）、人見極馬（後の得能淡雲）、曾根愛山（以上大洲藩）、香渡晋（新谷藩）、加藤自謙（宇和島藩）らがあった。南海の没後、弟の簣山がついだが、簣山は家塾清斯堂を開き、門弟を指導することとなった。したがって、従来の挹蒼亭と緑竹舎は閉鎖されていくことになる。しかし「近藤氏関係の塾が小松藩のみならず、伊予の学淵として伊予諸藩に及ぼした功績は偉大であった」[12]と評価されている。

第三章　中津藩の家塾と私塾

藩校と家塾、家塾に転換する私塾、家塾から私塾に移行するなどの種々の様態を見せる具体的な姿を中津藩について見てみよう。中津藩は十万石の中規模の藩である。

藩校進脩館

中津藩の藩校進脩館が創立されたのは寛政二（一七九〇）年であった。「七月始テ、片端進修学館成ル。始儒士倉成竜渚、常ニ藩学ヲ興スノ志アリ。偶野本良右衛門亦儒士ヲ以テ、竜渚ト其志ヲ同ウス。是ニ於テ二人相謀リ、仮ニ野本ノ宅ヲ以テ講堂ニ充テ、学生若干ヲ教フ。時ニ藩士黒田竜吾、古宇多三八等、大ニ二人ノ志ヲ賛シ、終ニ相議シテ、藩学設立ヲ藩主ニ請フ、藩主之ヲ嘉シ、国老ト議シテ、年毎ニ正米百石ヲ其経費ニ賜ヒ、片端町稽古場ヲ修補シテ、藩士文武ノ修練場トナス」[1]と『中津歴史』下には記されている。『日本教育史資料』三に載せられた学科「和学、漢学、洋学、医学漢洋、筆道、算術、兵学甲州流、弓術雪荷派・印西派、馬術八条流・山形流、剣術一刀流外、他流戸田一刀流・神当流・東軍流、槍術風伝流・種田流・本間流・竹内流、砲術荻野流・長谷川流・稲留流、抜合民弥流・新流、遊泳無流派、柔術起倒流・揚心流・吉岡流[2]」とあるのは、明治初年のものも含めてのものであろう。

成立した進脩館は「上士ノ輩、擅ニ館中ニ跋扈シテ、妄ニ下士其他ヲ軽蔑スルガ故ニ、下士以下ノ入館漸ク少ク、後殆上士ノ専有教育所トナ[3]」ってしまう状況におかれていった。そうした条件もあって、中津藩では家塾で学ぶことが広く見られた。儒者達はそれぞれ家塾を設けていた。

山川東林とその家塾

このように中津藩では、寛政期に藩校を整えたものの、家塾での教育は存続していくのである。その後、中津の塾の歴史のなかでの画期的な家塾が出現することとなる。山川東林の家塾である。「蓋し同藩に於て藤田敬所、野本雪巌（岩）、原田東岳等の諸儒、皆嘗て帷を垂れ徒を集めたりと雖も、其の堂々として家塾の規模を備へ、広く子弟を教養せるは、実に東林を以て嚆矢となすべし[4]」と『大分県人物志』には述べられている。しかしこの文章では何をもって画期的とするのか、その理由は明確ではない。『中津藩史』には、「中津新魚町にあり、儒臣山川東林之を創む。当地方に於ける漢学塾の嚆矢とす。文化・天保時代最も隆盛を極む。子玉樵父の後を承けて、藩儒に列せられ、又家塾を継承して、父名を辱めず、文久・慶応年間従遊の子弟頗る多し[5]」と記されている。漢学塾の内容は何なのか。

山川東林は、安永四（一七七五）年中津藩士の長子として生まれた。中津で学んだ後、福岡の亀井昭陽に従い、ついで久留米の樺島石梁につき、さらに肥後に行って斎藤某に学んだ。しかしいずれも長くは逗留していないので、遊学というよりは、むしろ遊歴に近いものであったろう。その後京都に行き田中墨水に従った。また長州に遊んだ時には、招聘されて明倫館で教授をしたという。文化三（一八〇六）年二十二歳の時はじめて江戸に出て、当時中津藩の江戸邸内学校で教えていた倉成竜渚について学んだ。そして、東林の父が没したことで、倉成竜渚の推薦で中津藩学の儒者となったのである。以上の学歴から考えても、山川東林の家塾が画期的なものであって、「笈を負ふ者、東西より争つて門下に集れり[6]」という現象の原因を理解することはできない。実は山川塾の繁栄の秘密は別のところにあった。豊後の日田の広瀬淡窓の私塾咸宜園である。

　山川東林が最初に咸宜園を訪れたのは文化三年の春[7]であるから東林の江戸遊学直前のことであった。再び東林が広瀬淡窓を訪ねたのは文化十三（一八一六）年二月十二日[8]であった。そして二月二十四日まで、東林は日田に滞在して淡窓と交際した。病弱な淡窓はあいにく、その間に眼疾を患い、東林が日田を去る時には、床に臥せてしまっていた。広瀬淡窓は、この時とそれ以後の東林について『懐旧楼筆記』に次のように記している。

「来ツテ予ヲ訪ヒシ時。予カ傍ニ於テ。予カ講業ノ体ヲ委シク見。猶又教授ノ方ヲ問合セテ帰レリ。其後其門人末松元長。田淵元亨。二子ヲ遣ハシテ。予カ門ニ入ラシム。二子塾ニアルコト数年ニシテ帰ル。コヽニオイテ。敬蔵〔東林のこと――筆者注〕二子ト相議シテ。其塾法ヲ定メ。月旦ヲ設クルヨリシテ。一切ノ法度。皆予カ塾ニ倣ハサルハナシ。コヽニオイテ。生徒頗ル盛ンニシテ。又一方ノ名家トナレリ。他方ノ人。予カ塾法ヲ学フ事。是ヨリ始レリ[9]」。

山川塾は咸宜園の教育方式を、数年がかりで学び、導入することによって、中津の塾の歴史を書き変えることが可能になったのだといってよいであろう。なお咸宜園については、次章で、また咸宜園方式の『課程録』は、この後の横井寿一郎の培養塾のところで触れる。

咸宜園の教育方式を導入するために入塾した二人の門人の住所は、末松元長が、豊前国上毛郡友枝村であり、田淵元亨が豊前国下毛郡池永村となっている。[10]山国川の下流域で、当然のことながら中津の近隣である。このことから山川塾には、中津の武士ばかりではなく、近くの村々からも塾生が集まっていたことが分かる。彼ら二人は成人してから医者になっているから、[11]そうした高度の学問を必要とする者達も、中津の家塾に入門していったのであろう。山川の家塾は士庶を包摂していた。これは広瀬淡窓のいう「士庶同学」の実践でもあったろう。

手島物斎と誠求堂

山川塾の咸宜園流の教育方式は、東林の嗣子玉樵にも引き継がれた。他方、山川東林の門人で中津藩学の儒者となった手島物斎の家塾誠求堂にも、山川塾の影響が、かすかではあるが見受けられる。

万延元（一八六〇）年三月から文久元（一八六一）年六、七月頃まで手島塾に学んだ青木周蔵は「手島塾〔誠求堂〕に在りて刻苦勉励せしに由り、意外にも早く已に高弟の班に列せんとするの際〔上等二級会頭、塾長代理〕、不幸にして手島氏は突如長逝せり」[12]と『青木周蔵自伝』に述べている。上等二級というような等級の編成は咸宜園流ではないが、級別編成や会頭、塾長代理といった職制を塾の中において塾教育の体制をとっていたところなどは、山川塾の影響を受けているのではないかと思われるのである。

さて、青木周蔵が長州から中津に初めて来て、城下の入り口の番卒に「城下著名の学者は何人なるや」と質したところ、「何人か学者なるや、我等之を知らず。又、学塾は二、三を数ふるも、何れが果して優れるや、是れ亦、予等の解せざる所なり」[13]。こうしたやりとりのあと、手島仁太郎（物斎）の名を聞くことができた。そこで直ちに誠求堂を訪ね、その内容の説明を聞いて納得して入塾することができたという。直接の入門である。一般に塾への入門には、保証人か紹介者の仲介を必要とした[14]。例えば、咸宜園の『入門簿』には紹介者の名が記されている。しかし、ここではそうした手続きは省略されている。

手島物斎没後の誠求堂について、青木周蔵は次のように記している。手島物斎は「藩学の教授たると同時に、私塾を開きて四、五十人の塾生を寄宿せしめ、別に多数の通学生を教育せしを以て、当時、俄に塾を閉づること能ざるを以て、其の実弟橋本忠次郎氏、該塾を継承することとなりしが、其後、経書の講究は漸次疎となり、盛に歴史を講ずるに至れり、蓋し橋本氏の意、

学問は活学問ならざる可らず。従て経書講究の如き、勿論必要なるも、其は大概の程度に止め、古今内外の治乱興亡の蹟を知るべき歴史の講究に力を注がざるべからず。

と云ふに在り[15]」と。兄の手島物斎は四書五経を中心とした教育を展開したのに対して、弟の橋本忠次郎（塩巌）は歴史に比重を移していったという。おそらく幕末の激動の時代を反映してのことであろ

う。

さらに青木周蔵はこの兄弟の相違について「先師手島氏は経学者なりしも、能く詩を講じ、〔略〕橋本氏は、主として初学者の解し易き詩賦を講じ、又、盛に作文を奨励する等、先師の意向とは全く正反対[16]」であったとしている。塾の教育内容が、教師によって変化するということ、つまり教師の思想の表現としての塾の在り方を示す一つの例とすることができる。

野本真城とその家塾

中津には山川塾の系統とは異なる塾が存在した。野本塾である。野本雪巌の子野本真城が御儒者見習として、藩校に出仕したのが文化十三（一八一六）年であり、雪巌のあとを継いだのが天保六（一八三五）年であった。野本真城はそれまでに、京都の頼山陽につき、また日出藩の帆足万里の家塾で学んでいる。特に帆足門下の四天王の一人に数えられ、帆足万里が没するまで師弟の交情は細やかなものであった。

野本真城は晩年、父の郷里である宇佐郡香下村白岩に私塾を開くことになるのであるが、その私塾で学んだ渡辺重石丸は野本真城について「先生嘗て頼山陽に師事したり。喜て天下を経綸するの学を講ず。〔略〕又喜て西洋究《ママ》理の学を好めり。其学帆足万里翁より出つ。山陽没後に先生帆足に入門せられたり。又傷寒論を愛読し医術を善くす。薬を乞ふ者多かり。又喜んで兵書を講じ、尤孫子を善とす。七書の中其大要は孫子一部に約まると云れき。〔略〕野本先生鬼神を信ぜす。勤王を説かす。而して攘夷の論に至ては、其言剴切尤愉快を覚ゆ。先生毎に言ふ、究理の説明なる時は、天地間に鬼神幽霊妖怪の居処無し」[17]と述べている。種々の学問の領域を考究した帆足万里の高弟らしく、野本もまた幅広い教養をみせるのである。また渡辺重石丸は「先生講義の外、往々人をして時事に注目警省せしむ」[18]と記し、時事問題も教育の一環として扱っていたことも野本真城の特色であったといえよう。このような野本真城の姿勢は、私塾を開く前の中津での儒者時代も同じ様なものであったであろうと容易に推察される。

さて、天保期に入って中津藩の体制にも動揺がみられるようになるのであるが、藩の事件に介在していったのが野本真城とその門人たちであった。天保九（一八三八）年二月に縁辺騒動と呼ばれる事件が起きる。[19]発端は藩士の中で家格の高い大身という身分に属する山崎織衛が、従来大身と供番（身分の名称）と縁組みをしてきたが、今後は大身の娘は供番に嫁すが、大身は供番の女子をめとらないと公言したことにある。そこで供番の者たちが憤り、当時大身の家からめとった婦妻を皆放逐し、大身の家とは絶交するという論議が起こり、藩内は騒然となった。藩主はこの事件について、山崎織衛を隠居させ、一方供番のなかの首謀者である天能三蔵、小幡篤蔵、八条平太夫などを叱責・退役隠居に処すことで結着をはかった。彼らは間もなく許されている。

ついで天保十二（一八四一）年には天保子歳の改革という事件が起きる。この事件は藩の財政改革に絡むものであった。この時期になると中津藩でも財政の逼迫ははなはだしく、状況打開のために、藩では黒沢庄右衛門を抜擢して改革に当たらせた。黒沢の改革は着実に成功したが、上士には家族の人数に応じて給禄するという人別扶持の政策だけは実施することができなかった。ところが「儒士野本武蔵ノ陰然之ヲ助クルアリ。而シテ其同志ノ士、天能三蔵、小幡篤蔵、島津祐太郎等、皆偉能賢才ノ資ヲ以テ、政府ノ要路ニ立チ、之ヲ採用スルニ会ス。仍テ庄右衛門其命ヲ承ケテ、遂ニ之ヲ断行ス」[20]るに至った。ところが、人別扶持の方針が出されると「藩士ノ間、議論忽沸クガ如ク起リ、大ニ其処置ノ攻撃セラレ、遂ニ一統免役セラ」[21]れることになってしまったのである。首唱者とされた野本武蔵とは野本真城のことであり、同志とされた「天能三蔵、小幡篤蔵、島津祐太郎等は皆野本の門人にて、中津の有力者也。然を一時に厳罰を蒙りたりし中に先生は張本人也し故に、減禄の上、隠居を命ぜられたり。之れに因りて世に之れを野本派と称し、待つに変人を以てし、隠然畏遠するに至[22]」ったという。

ともあれ子歳の改革では、黒沢庄右衛門を背後から援助する存在として、野本真城とその門人たちのグループがあり、門人たちは藩の中枢を握っていた。ここを通して藩の改革を企てたのだけれども、結局は厚い壁をつき崩すことはできず、逆に野本真城をはじめとする数名が罰せられることで結着したのであった。野本真城は天保十四（一八四三）年に中津を去り[23]、父祖の地である宇佐郡香下村に移り、白巌樵夫と号し、同年九月に罪は赦されたものの、野本は再び中津で教えることはなかった。

その後の野本真城は下毛郡秣村や宇佐郡四日市の郷学校である伊勢山塾で教え、嘉永三（一八五〇）年には師・帆足万里と共同で執筆した『海防策』を徳川斉昭に奉呈せんとして江戸に行ったが果たさず、空しく帰郷している。

嘉永元（一八四八）年の暮れに詠まれた野本真城の詩はこの頃の生活を吐露している。

歳杪家に帰る(24)

他邦に講を売り儒酸を極む　短褐家に帰れば歳已に闌し　忸怩誰か妻女の笑に堪んや　嚢を傾けても飢寒を救うに足らず〔読み下し――筆者〕

嘉永四（一八五一）年八月野本真城が帆足万里を訪れた時、帆足の入手した『尹匪犯疆録』を見せられ和訓にすることを依頼されている。(25)野本は帆足の塾・西崦精舎に留り完成させている。その後野本は香下村白岩に私塾を開いた。渡辺重石丸が入門したのが嘉永五年九月であったから、(26)開塾の月の目安はその頃であったろう。

渡辺重石丸はそれまで中津の手島物斎の誠求堂で学んでいた。「手島の塾に在りて啻に四書五経左伝蒙求等、普通の書を講じ、章句の学に従事」していたところ、野本真城が宇佐郡に私塾を開くと、野本を崇拝している大橋六助の紹介で野本塾に転じた。大橋は「野本先生の学識を称して手島を取らす。曰く野本先生は刑壇に坐しても色を動さゞる者也。仁太郎〔手島物斎のこと――筆者注〕如き者は其の書生を集むるも、活計の内職耳」ときめつけてはばからなかったという。渡辺家は中津近傍の古表神社の神官をしており、重石丸の祖父重名は伊勢の荒木田久老に学んだ国学者であり、渡辺家では以後国学を家学としていた。「重石丸の平田先生の学を奉ずるも、培養の力は野本先生に頼るもの尤多しとす」と述懐している。

野本塾には、奥平十学〔壱岐——筆者注〕、桑名登、奥平外記、その弟伝四郎、小幡篤次郎などの上士の子弟も学んでいた。「福沢諭吉亦来学の望あり。数〻《シバ〳〵》其言ありしかども家貧にして学資の余裕無きを以て果さす」と記されている。福沢家は中津で、父百助、兄三之介、諭吉と野本門であった。

　野本塾の成立は野本真城の主体的な意志によるものではなかったのではないか。経済的な困窮の中に、有能であり、敬慕する人物が動きのとれない状況に置かれている。それを打開するために、他塾に通う塾生を勧誘し、上士の子弟を集めて生まれた塾で、中津の人士が関わって成立したのが野本塾であった。いわば中国地方に存在した助情講に似た慣習の中で生まれたものではなかったか。助情講は例えば遊学する意志がある、有能な人物に、地域の有志者が講を結び、ということは人々が出資し合って、その目的の実現に協力していくというものであった。野本塾の場合、貧窮の中で身動きのとれない教師の生活基盤を、塾を意識的に組織することを通してより確実に安定させようとする企図が働いていたように思われるのである。渡辺重石丸のいう野本派の思い入れであったのであろう。彼らの発想は曲りなりにも実現したのであった。

　重石丸が「入塾の時《ヲリ》しも、塾にては山居十六詠と云詩題出ゐたりき。起、居、眠、食、琴、書、酒、茶などといふ一字の題なり。人々誰も〳〵得作らす、六ケ敷〳〵と言ひあへる中、予直ちに十六首の律を賦して、先生の前に出し、是正を乞ひしに、先生大に嗟称し、詩巻の末尾に惇謹篤志才藻如是他日所成不可量也　白岩樵夫批と記されたり。塾生等大に驚き、皆不レ可レ及といひあへりき。是時塾生等順次に炊飯の労を執りたりしが、予か入塾の当時に右の事ありしより、他の生徒等推して上等の地位に置き、炊飯の労をとらしめ」なかった。

こうした野本塾の教育の中で、重石丸が影響を受けたのは、この時代の状勢の認識を与えられたことであった。「予の野本先生に見ゆるや、先生示すに常陸帯犯境録を以てす。曰く当今の事情を知るに足る。犯境録は外夷の形勢を見るに足ると。先生曾て海防策を作り、水府景山公に奉る。右の二書は皆是等に関係あれは、尤得意とする処なれは、如此は予に指示せられしならん」と推量している。嘉永六（一八五三）年六月アメリカからペリーが来航した。「天下動揺す。先生策問三則（足食足兵民信之）の題を出し、以て対策に擬す。桑名、奥平、予と各意見を書して出」した。こうした塾の雰囲気の中で、安政元（一八五四）年二月福沢諭吉が長崎に蘭学修業に出発する事を聞いた塾生のうち「桑名登、奥平伝四郎亦野本先生の意に基づき、蘭学を喜ひ、尤之れを賛成」し、伝四郎は諭吉を送る詩文を作っている。「其題に送ル三中村子囲読ヲ二蘭書ヲ于長崎ニ一序と認あり、其文は今に記憶せねども、大意を云は丶、例の通り子囲は書を読み、大義名分を弁明せるからに、必華を以て夷に変ぜす国家有望の人物也」ということにあった。「其文流麗雄偉先生大に称嘆して止まず。批点圏点満紙朱に成りたるが如く覚ゆ。予も之れを読て嗟歎に堪へ」なかったという。因みに詩文に中村子囲とあるが、福沢は当時中村術平の養子となっており、子囲は諭吉の字である。

野本塾での教育のあらましは以上のようなものであった。安政三（一八五六）年に野本は亡くなるが、塾がいつまで続いていたのかはわからない。

白石照山とその塾

さて、野本真城が中津を去った年、すなわち天保十四年に白石照山が江戸遊学から中津に帰り、開塾している。(27) 白石は中津で野本に学び、挙げられて藩校進脩館の教師となったものの、浅学であることを恥じて、天保九年に職を辞して、江戸に遊学する。江戸の昌平坂学問所で、儒官古賀侗庵に学び、翌十年に書生寮に入り、斎長や詩文掛をつとめている。白石は中津の親友西周哲が、福岡の亀井塾からの帰郷の際に持参した、亀井の古学に基づく疏注を読んで以来、学問の立場を朱子学から古学に転換していった。

白石塾については、この塾に通った福沢諭吉が次のように述べている。「最も多く漢書を習たのは、白石と云ふ先生である。其処に四、五年ばかり通学して漢書を学び、其意味を解すことは何の苦労もなく存外早く上達しました。白石の塾に居て漢書は如何なるものを読だかと申すと、経書を専らにして論語孟子は勿論、すべて経義の研究を勉め、殊に先生が好きと見えて詩経に書経と云ふものは本当に講義をして貰て善く読みました。ソレカラ蒙求、世説、左伝、戦国策、老子、荘子と云ふやうなものも能く講義を聞き、其先きは私独りの勉強、歴史は史記を始め前後漢書、晋書、五代史、元明史略と云ふやうなものも読み、殊に私は左伝が得意で、大概の書生は左伝十五巻の内三、四巻で仕舞ふのを、私は全部通読、凡そ十一度び読返して、面白い処は暗記して居た。夫れで一ト通り漢学者の前座ぐらゐになつて居たが、一体の学流は亀井風で、私の先生は亀井が大信心で、余り詩を作ることなどは教へずに寧ろ冷笑して居た(28)」と。

福沢の学習は藩校進脩館でも行われた。下級武士（下士）の生まれである福沢の「上士族の子弟と学校に行て、読書会読と云ふやうな事になれば、何時でも此方が勝つ。学問ばかりでない、腕力でも負けはしない[29]」という文章の学校は進脩館を意味しているのであろう。

ところで、白石照山も師野本真城と同じく、中津藩での事件に巻き込まれ、中津を去らなければならなくなった。それは御固番事件と呼ばれるものであった[30]。従来、中津藩では城門の警固は足軽の役目としてきた。しかし藩では天保十一（一八四〇）年にこれを改め、徒士格の下士の役割とした。そこで徒士格の武士たちは憤慨したものの、どうにもならず、その翌年にも藩のこの問題についての対策が不当なものであったために藩内は沸き返ったが、この時にも藩は権力で圧したので、徒士格の武士の不満はさらに増幅していった。

やがて白石照山もこの警固の役を務めることになった。そうすると下士の鬱積した感情は白石照山を通して爆発することになる。白石は「藩府我輩に命じて抱関撃柝の事を執らしめんとす。此れ我輩を侮辱するものなり[31]」と主張し、同僚と共に解職することを求めていった。しかし藩は逆に徒党を組んで藩に迫ったことを理由に白石を追放処分にした。「御固メ番一件相片付　左之通り被仰付候〔略〕御かもい場多し　白石五郎左衛門〔白石照山のこと――筆者注〕〔略〕右之者共同様被仰付候五郎左衛門は早速伊予へ参り申とて乗船之由承知仕候[32]」と文書にはある。「御かもい場多し」つまり関係するところ多大であるという判決理由である。嘉永六（一八五三）年のことであった。白石は伊予には行かなかった。「俄に旅装を調へて書剣飄然南豊の天地に遊び、帷を臼杵に下し、教授を業とし遠近の子弟来つて教を乞ふものが頗る多かつた[33]」と伝えられている。

家塾であれ、私塾であれ、藩権力とつながりを持って存在する限り、藩権力の意向に反対することはできなかった。儒者である限り、自己の考える価値と藩権力の価値が衝突する場面に遭遇した時、藩権力の側が優位に立つ例を、野本真城と白石照山が示している。こうしたことは他藩にも見られる。今まで見て来た藩の中で膳所藩の事例が挙げられる。杉浦重剛の師高橋担堂である。「慶応元年の正月から閏五月迄、先生の教をうけて居たが、先生は突然入牢申付けられてしまつた。即ち所謂膳所藩勤王家の獄である。〔略〕閏五月から十月まで、先生は牢中に在られたが、十一月廿一日に愈々刑に処せらるることになつた。〔略〕予は僅か半年の間素読を教へられたのみであつたが、先生の感化の偉大なりしことを今も猶ほ深く感ずるのである[34]」と杉浦は追懐している。また長州萩の松下村塾で教えていた吉田松陰の場合も一例になるだろう。

渡辺重石丸の道生館

さて、野本真城が処罰され、白石照山が追放されて中津を去った後には、しばらくの間は山川塾と手島塾が存在するのみの状況に陥ってしまった。しかし、安政四（一八五七）年に渡辺重石丸が私塾道生館を開くに至って、再び野本系統の塾が中津に現れることになった。

私塾道生館では「普通の語孟学庸左伝蒙求等の漢籍より始め、此れに次くに靖献遺言、保建大記、新論、弘道館述義等の諸書を以てし、間には歌詩を課し、務めて士気を鼓舞するに注意す。最後に本居、平田二先生の著書を読ましめ、和漢諸書の精義を流通渾化して一貫の妙を融然自得せし[35]」める教育を展開していった。別な表現で言えば「陽に漢学を講じ、陰に神典国書を講」じたから世間でも漢学者と見なしていった。その結果「道に入る者、薫陶の身に及ぶを覚えす、いつしか純然たる勤王の士と成るに至」ったという。また、道生館の休日は毎月朔日と五節句となっていたが、渡辺重石丸は「休日毎に同志の士を率て、近郊に散歩し、談勤王の事に及び神明の事に及べば、慷慨激烈、憚る所なく肝胆を吐露せり。さるは平日道生館にて高声に談論することを得さる故に、野外にて鬱勃の気を洩らせる也。万葉集なる勇士振名歌或るは回天詩史なる三決死等の悲歌一にして足らす。此時に当て蒼天の外聞者なし。何ぞ世間を憚むや」というような指導も行っていったのである。

一方、渡辺重石丸の剣術の師富永応助の道場が、下士の住む金谷にあったことから、応助の子庄五郎と意気投合した渡辺重石丸の門には、多くの金谷の人士が庄五郎の勧誘で入門したという。また入門しないでも有志の者が道生館に出入りしていった。

このような雰囲気の道生館であったから、対外的にも「諸藩の有志家、諸浪士等、竊に中津に入来る者多く道生館を主とす。予毫も藩情を隠さす、告るに実を以てせり。蓋天下の為めにして一藩の為めにせざる」ことを原則として交際していった。道生館に出入りした主な者をあげれば、元田直、高原敬之進、僧東雲、野中準、日田邦太、直江鶴太郎、青木猛彦、児嶋三郎などであった。彼らは豊前・豊後を中心とした地域で活躍した志士たちであった。

こうした状況のなかで様々な事件が生じて来る。まず中津藩では文久三（一八六三）年に亥年の建白事件と呼ばれる事件が起こる。この事件の内容を福沢諭吉の『旧藩情』から引用すれば、「上士の気風は少しく退却の痕を顕はし、下士の力は漸く進歩の路に在り。〔略〕此時に下士の壮年にして非役なる者全く非役には非ざれども藩政の要路に関らざる者なり数十名、窃に相議して当時執権の家老を害せんとの事を企てたることあり。中津藩に於ては古来未曾有の大事件、若し此事をして三十年の前にあらしめなば、即日に其党与を捕縛して遺類なきは疑を容れざる所なれども、如何せん此時の事勢に於て之を抑制すること能はず、遂に姑息の策に出で、其執政を黜けて一時の人心を慰めたり。二百五十余年一定不変と名けたる権力に平均を失ひ、其事実に顕はれたるものは此度の事件を以て始[36]」めてであった。この建白事件の中心人物は水島六兵衛（均）であり、富永応助の兄であった。彼は道生館の門人ではないが道生館に出入りしていた人物であった。

慶応元年十二月には、青木猛彦、長光太郎、高橋清臣、佐田内記兵衛などが同志を募って、日田の代官所を襲撃する計画を立てていた。渡辺重石丸のもとにも誘いがあったが、渡辺は動かなかった。密告によってこの計画は挫折し、同志は逃走せねばならなくなった。青木猛彦は道生館に潜伏していたが、やがて道生館門人の増田宋太郎の手引きで長州に逃れることができた。また道生館門人の柳田清男は逮捕されて日田の獄に捕らわれたが、その理由は長光太郎と青木猛彦に金を与えて脱走せしめたことによるものであった。

また慶応二（一八六六）年六月には、幕府の軍監森川主税が中津に来て駐在していた。第二次長州征伐のためである。これに対して、増田宋太郎や富永庄五郎がひそかに道生館に集まり、謀議して森川の襲撃を企てていった。ちょうど富永庄五郎が吹出浜の番兵を命ぜられたのを機会に、兵士たち十数人と舟に乗り森川襲撃の件を討論した末に、渡辺重石丸のもとにその可否を問うてきた。このとき渡辺は慎重であった。

さらに慶応四年正月十四日には宇佐郡に御許山事件が発生する。同志を糾合し、花山院を擁して挙兵した事件であった。集合したのはこの地方の志士佐田内記兵衛、元田直、南省吾などを中心とする勢力と、長州の報国隊を脱隊した兵士が大部分を占めた。御許山に拠って挙兵したのである。「此時増田宋太郎亦これに応ぜむと謀る。重石丸曰く、長州の事何の状たるかを詳かにせす、伝ふる所に由れば、長も亦内乱あるもの丶如し。且其所謂花山院といふ者、果して何物ぞ真偽定め難し。容易に妄挙(す)べからず。事件至重也。再三再四審査を要す。然らずむば身を誤むと。宋太郎唯して待つ。居ること数日、事果して敗(37)」れていった。

さて、天保以降、中津藩の内外にはさまざまな政治的事件が生起していった。そうした事件に塾の教師やその門下生が関わっていった。野本真城と渡辺重石丸の系統の塾が、積極的に幕末の政治的課題に触れていく姿勢を強く表現していた。

福沢諭吉と中津藩

ここで福沢諭吉についてふれておこう。福沢が安政五(一八五八)年に、江戸の中津藩邸内に開いた家塾はのちに慶応義塾となるが、福沢はそれ以後も中津藩の人士と緊密な関係を保ちつづけ、明治になって中津に市学校を開設する原動力となるのである。

中津で福沢が漢学を学んだ時期は、ようやく中津藩が激動の流れに突入する端緒の頃であった。福沢の学習歴の裏面にはそのことが刻み込まれているのである。五歳で中津藩士服部五郎兵衛に四書の素読を受けるが、二番目に就いた野本真城は天保子歳の改革の責めを受けて、隠居の罰を受け、宇佐に移住する。福沢八歳の時であった。その後しばらく学習の中断があり、ようやく十四、五歳になって白石照山の門に入り、漢学の学習の再開をするのであるが、白石も御固番事件に巻き込まれて藩から中津退去を命ぜられた。二度にわたる学習の中断の後に出てきたのが、長崎への蘭学学習の遊学のことであった。その後の福沢の軌跡は、長崎から大坂に行き、緒方洪庵の私塾適塾に入ることによって、蘭学の学力を飛躍させ、安政五年に江戸の中津藩邸に蘭学塾を開くまでになる。[38]やがて福沢は米欧に直接触れる機会を得、自信をもって中津藩に洋学校設立をすすめていくようになる。

一方中津では、野本塾で福沢の長崎遊学を激励した今泉郡司（奥平伝四郎）や桑名登が率先して「福沢に心酔し、且佐幕を主張」[39]するようになっていった。桑名は家老職に就いていた。これに対し渡辺重石丸も野本塾での桑名との関係によって国学を中津に広めようとする意図をもっていた。「重石丸は竊に此人と交り、道を中津に興し、以て本居、平田学流の新乾坤を豊前に闢き、天下に率先して治教の機先を制せんと欲せしかども、所謂空気の悪き故にや、佐幕病、洋学病、祲気濛々、復た青天白日を見る事能はず」[40]という状況に追い込まれ、「遂に去て専ら道生館教育のみに尽力し、所謂皇道派の」[41]育成に当たることになってしまったのである。

結局幕末の中津藩の中枢の方針は福沢諭吉の方に傾いていった。渡辺の指摘する中津藩の佐幕と洋学への指向は、慶応元（一八六五）年に福沢が中津藩に提出したと考えられる「御時務の儀に付中上候書付[42]」に明らかである。そこには「御家の儀は如何様危急の御場合に被為臨候とも、公儀え御忠節の外御他事無之」とか、「御家においても此度は弥以御武備不残西洋流に御変革相成、人々の心得方区々不相成様一方に御治定被遊、士分の面々へは専ら西洋の文学御引立、御一国の御武備御整相成候様仕度奉存候」という原則が述べられているところから明らかであろう。

明治に入って福沢の洋学校設立の動きは加速される。福沢の明治二（一八六九）年四月十七日付の書簡には「中津にも追々洋学御開相成候よし。弥以真に其思召有之、相当の学校にても出来候節は、小生も折々は中津へ参り可申、既に先般より小幡仁三郎へ帰国可致抔の御沙汰も有之、此方は帰り候積にて唯今掛合中に御座候。元来洋学を開くは我輩の所祈、況父母の国、中津の役人中に実意有之候得ば、直に帰候義に御座候[43]」と中津の洋学校開設に積極的に関わっていこうとする姿勢を見せている。

それから半月ばかり経た五月三日付の、増田宋太郎から京都に在住の渡辺重石丸の書状には、「何分国論一定不仕、皇学洋学とも一同御採用相成候而は、他日必相争の禍を開き可申処より、未だ御決評にも不相成哉之趣此一事にて、万事御洞察可被成下候。且又過日桑大夫文武御委任被仰付候に付而は、洋書抔も段々御求に相成、いまだ御発令には不相成候へ共、追々洋書館御造営之御評議有之趣承り申候。斯くては洋学は益行れ可申奉存候得共、皇学校御開の事抔は万々無覚束義と遺恨片時止む時無御座候[44]」と中津の状況が記され、桑名登が文武御委任となって背後に控えている洋学関係の動きが活発化しているのに対して、皇（国）学関係は旗色が悪くなってきていることを伝えている。

洋学と国学の対立は、福沢の暗殺計画にまで至っていたという。明治三年福沢が中津在住の母を迎えに行った時の話として伝えられているものである。「私の母の再従弟《またいとこ》に増田宗（宋）太郎と云ふ男があります。〔略〕元来此宗太郎の母は神官の家の妹で、其神官の倅即ち宗太郎の従兄に水戸学風の学者があって、宗太郎は其従兄を先生にして勉強したから中々エライ、〔略〕宗太郎の実父は私の母の従兄ですから、私も其風采を知て居ますが、ソレハ〳〵立派な侍と申して宜しい。此父母に養育せられた宗太郎が水戸学国学を勉強したとあれば、所謂尊攘家に違ひはあるまい。ソコデ私は今度中津に帰つても宗太郎をば乳臭の小児と思ひ、相替らず宗さん〳〵で待遇して居た処が、何ぞ料《はか》らん、此宗さんが胸に一物、恐ろしい事をたくらんで居て、其ニコ〳〵優しい顔をして私方に出入したのは全く探偵の為めであつたと云ふ。扨探偵も届いたか、いよ〳〵今は福沢を片付けるといふので、忍び〳〵に動静《ヤウス》を窺ひに来た。田舎の事で外廻りの囲ひもなければ戸締りもない。所が丁度其夜は私の処に客があつて、其客は服部五郎兵衛と云ふ私の先進先生、至極磊落な人で、主客相対して酒を飲みながら談論《ハナシ》は尽きぬ。其間宗太郎は外に立て居たが、十二時になつても寝さうにもしない、一時になつても寝さうにもしない、何時までも二人差向ひで飲んで話をして居るので、余儀なくお罷めになつたと云ふ」(45)。結局暗殺計画は断念されたという。

この話の中の従兄の水戸学風の学者とは渡辺重石丸のことであるが、渡辺はこの話を否定している(46)。また福沢も「数年の後に至つて実際の話を聞けば」と伝聞であることを記している。事実であったか否かを確かめるすべはない。しかしこうした洋学と国学を学ぶ者の対立が、中津において尖鋭化した状態に陥っていたことの表現なのであろう。

維新直後の進脩館の儒者

さて、明治維新後中津藩でも藩政改革が行われ、藩校進脩館の改革も進行する。「御儒者」の増員が見られる。

御儒者(47)

一七人半扶持　野本初司
一七人扶持　山川東蔵
一拾人扶持　三人扶持名目　野本友蔵
一七人扶持　手島春治
一弐人扶持　橋本忠次郎
一三人扶持月給銀札三百目づつ　白石五郎右衛門
一同　横井寿一郎

彼らの中で、野本初司は野本真城の子であり、伯鱗（魚、三太郎）の弟である。伯鱗は嘉永五（一八五二）年の史料によれば「一昨昨年より学館に罷出相勤候様被仰候」とあり、嘉永三年から進修館に出仕していた。しかし「一向未熟に罷在御用立不申段恐多御座候依而木下主馬頭様御家来帆足里吉許へ罷越修業仕度御座候何卒一ケ年之所暇仰付被下候様仕度奉願候(48)」と続く文章が出てくる。つまり学力不足なので日出藩の帆足万里について一年修業したいという願書であり願いは通ったようである。そして小幡篤次郎の経歴にも伯鱗が出てくる。「十四歳ノ時藩儒野本真城ノ退避シテ、宇佐郡白岩村ニアルモノニ就テ学ブ。凡一年ニシテ帰津シ、尋テ藩校進脩館ニ入ル。廿歳ノ時野本伯鱗ノ門ニ入リ之ニ居ルコト四年ニシテ、廿三歳ノ時東京ニ出テ福沢氏ノ門ニ入ル(49)」とあり、伯鱗が家塾を開いており、小幡は四年間学んでいた。その後伯鱗は大坂に移住しており慶応三（一八六七）年の住所がそのことを証明している(50)。伯鱗の後に初司が代わって儒者になったか、それとも明治二年の改革で役職に就いたのかは不明である。

山川東蔵は玉樵の子であるが、玉樵は慶応二年に没している。東蔵が直ぐ父の職を継いだものかは分からない。しかし東蔵は明治二年七月に咸宜園に入門している(51)。恐らく学力不足と感じたためであろう。また野本友蔵は野本真城の弟万春の子である。万春は江戸藩邸内学校で教えていたが、幕末に中津に引き揚げ、そこで友蔵が進脩館出仕となったのであろう。手島春司は物斎の子であり、慶応三年九月亡父のあとを継いで儒者見習となっている(52)。橋本忠次郎は塩巌のことである。白石五郎右衛門は照山である。御固番事件で中津を去った照山は臼杵に移り、私塾を開いたり、臼杵藩の儒者を勤めた。やがて臼杵藩を致仕すると、宇佐郡に転じて、四日市の郷学校伊勢山塾や、天領四日市を護るために農兵養成の目的で設立された教英館で教えていたが、明治二年の改革で中津藩校に戻ることとなった。

横井寿一郎と梅陽舎・培養舎

横井寿一郎は今まで見てきた中津藩学とは全く関わりのない、新規採用の人物であった。安政三（一八五六）年十二歳の時咸宜園に入門し[53]、権都講にまで進んでいる。学んだのは広瀬青村の時代である。帰郷して家業を手伝いながら漢学塾を開いたのが元治二（一八六五）年二月三日であった[54]。梅陽舎と命名された[55]。

『慶応二年丙寅正月改　入門簿』には、文久三（一八六三）年三月から明治二年四月までに入門した三十三名が記されている。七歳から二十一歳までで、次表のような数字になる。

	人
7歳	2
8	0
9	3
10	2
11	6
12	2
13	4
14	4
15	4
16	1
17	1
……	
21	1
不明	3

族籍からみると、武士二、僧侶六、神官三、あとは農民である。

梅陽舎では咸宜園の教育方式の一つである月旦評を作り、塾生の学力を等級に分けた（第四章六九頁参照）。最初につくった月旦評で、かつて山川塾で学んだ経験があり、山川塾で五級に位置づけられていた達次郎は、その半分の三級上加権三の位置に下げられた。権三は読了しておかなければならない書籍が三冊残されていることを示している。その他の貞之丞、竜勝、説次郎、伝紀、忍成、到はみな無級にし、廿一歳の法水は客席に位置づけられた(56)。山川塾と梅陽舎の評価の違いは、文化十三（一八一六）年に咸宜園から山川塾に導入された評価の基準が、咸宜園から帰郷したばかりの横井のそれと大きく隔ってしまったことを示すものであろう。

横井寿一郎は、一方で中津の渡辺重春（重石丸の兄）に和歌の添削を乞うために渡辺家を訪れることがあった。あるとき重石丸と横井が同席したことがあり、その時「一言にして善し、遂に親交(57)」を結ぶこととなった。平田の学を主張していた重石丸は、新刊の書が出るたびに、横井と討論を交わし、二人の関係は深いものとなっていった。

すでに慶応三年三月気吹舎に束脩を贈り、平田篤胤の没後門人となっていた渡辺重石丸は、京都に設けられた皇学校の講師として去っていった。渡辺が後事を託したのが横井であった。

「重石丸の出京するに就ては、道生館の門人等方向に迷ふとて群議嘖々たり。予指教するに、横井寿一郎忠直に従学を以てす。然れども従遊する者極て少し(58)」と渡辺は記している。

さて進脩館の儒者となった横井は萱津町大江神社のそばに家塾培養舎を設けた。以前の私塾梅養舎と音を合わせたのであろう。下士の住む金谷の地域とは隣りあった場所である。培養舎の教育の記録がいくつか残されている。

まず『課程録(59)』である。『課程録』は咸宜園の教育方式の中の重要な地位を占める資料であるが咸宜園には残されていない。したがって培養舎の記録から窺うほかはない。

『課程録』の最初に「昇階点数・試業上科点数」、つぎに「消権書籍」が記されている。昇階点数は学習によって得られた点数が、それまで獲得された点数との合計で、どの点数をこえれば級の段階を昇階することが可能となるかの基準点である。一級下百五十、一級上二百五十、二級下三百五十、二級上五百、三級下六百五十、三級上八百、四級下千、四級上千五百、五級下二千となっており、五級下までが示されている。それ以上の級は試業上科点数となる。五級下八十五、五級上百十、六級下百三十、六級上百五十、七級下百八十、七級上二百三十、八級下二百八十、八級上三百二十、九級下三百五十となっている。特定の書籍についての成績が、昇階点数で表現されたのに対し、試業上科点数は、不特定の書物についての点数をあらわすのであろうか。罰則もあり、貶一等為中科、貶二等為下科、下科者止試となっている。

消権書籍は各級での必読文献の一覧表である。一級下孝経・四書、一級上四書、二級下小学・十八史略、二級上国史略・蒙求、三級下今古要略・春秋左氏伝・史記、三級上日本外史・書紀・歴史通鑑、四級下古事記・資治通鑑・新論、四級上魂柱・保建大記・大日本史・外三部読書となっているが、五級下から九級下までは級名のみで書名はなく空欄になっている。漢籍のほか、『日本書紀』『古事記』『新論』『大日本史』などに、国学や水戸学関係のものが見うけられる。

『課程録』は次に個人名とそれぞれが、月ごとに得た点数とそれに対応した級と、読み残した書籍の数を示す権の字が記されている。月名は朱書である。

七十一の姓名が記され、僧が一人いるほかは、「中津藩の分限帳」と突き合せてみるところでは、下士の人達であり、金谷以外の地域の下士も混っている。

大部分は明治二年八月から十一月までの数字と級の記入であるが、二人だけ六月分の書き込みがあり、九月から十一月までのが二名、十一月のみが四名、月の記入が無い者が三名ある。入門をして姓名は記録されたものの記入するだけの学習の時間がとれなかったのだろうか。『課程録』を使用しての教育は十一月で終わったらしい。『課程録』に載せられた数字が塾への出席状況を示すものであるとすると、三名の数字を欠く人々を除くと、六十八名が学習をしていたことになる。六月二、八月五十九、九月三十七、十月十九、十一月三十六となる。十月まで急激な下降線をたどっている。

四ヵ月の学習で、級が二段階昇った者が三名、一段階だけ昇れた者は二十一人いる。昇った級の人数を示すと、三級上一、二級上三、二級下一、一級上六、一級下十三となる。その中で真一級下とある者六、真一級上が一ある。規定の書籍を修了し、権がつかないという意味であろう。具体的に『課程録』の例を挙げよう。

二級上 岩田鯉吉　八月千百六十加三権三級下余五百十、九月六百二十六加三権三級上余三百三十六、十月　十一月百八十一

一級下 有家正之助　八月百二十一半、九月百八十三半加権一級上余五十五、十月　十一月十七

高橋福丸　八月七十八半、九月百二十三加真一級下余八十八半、十月四十八、十一月三十六

培養舎で学ぶ者達の学習レベルは、一級下、一級上の者が大部分であった。『孝経』、四書、五経の段階である。年齢的には十代後半ぐらいの若者たちであったろうか。

培養舎が十一月で教育を休止したらしいと述べたが、その理由は『明治三年庚午正月　入門簿』が残されているからである。明治三年正月十日に十人が入門したのをはじめ、六月十一日までの十九名の記載がある。年齢と人数は次表のようになる。

歳	人
7	2
8	2
9	1
10	0
11	3
12	2
13	1
14	3
15	1

父兄の姓名が並記してある例があるので、役職を特定することができる。生涯書記格、御中小姓、御供小姓、小役人、御医師である。大部分は御中小姓、御供小姓、小役人であり、下士で金谷の住民である。この中で生涯書記格が一番の高位であるが、当人の水島六兵衛（均）、倅の鉄之助は金谷に住んでいる。

明治三年以降の培養舎は塾生の年齢を一段低くして存続させたのであろう。四書の素読が中心であった。

しかし横井は「三年正月、藩命を以て京師の平田鉄胤に就き国学を講習す。適々制度の改正に由り、京都府庁に召されて権大属とな」[60]っていく。正月の藩命と、正月から六月までの入門者はどのように理解すべきなのだろうか。恐らく正月からの藩命と京都に出発するまでに時間的余裕があり、その間に塾の教育を続けたということであったのではあるまいか。

廃藩置県前後の中津の藩学

明治四（一八七一）年二月には藩学体制全体の改変が行なわれる。儒者・武芸家・祐筆などの文武諸師範を含めて、一等教授御扱、二等教授御扱、一等助教御扱、三等助教御扱などの職制に組織化した。この中で儒者は、一等教授御扱が橋本忠次郎（塩巌）、二等教授白石常人（照山）、一等助教御扱手島春司、大久保遻三（麑山）の四名である。[61]大久保麑山は新任である。大久保は野本真城の姉の子であり、白岩村の真城の私塾で学を受けた。明治三年に和田豊治が「十歳にして大久保麑山翁の家塾に入り始めて四書五経の素読を授かりしが、〔略〕麑山翁の学塾にありし間に論語、孟子を終り史記の幾分を読み得た」[62]と表現しているところによれば、家塾を開いていたことになる。

明治四年八月の廃藩置県直後、中津には三つの学校が成立する。その中の二つは廃藩を契機としたのではなく、実現するまでには長い準備のための期間を要したのである。一つが洋学の市学校であり、他は皇学校である。もう一つは進脩館の改変された漢学校である。

市学校は、幕末の段階から主唱してきた洋学校が陽の目を見たということだろう。明治四年十一月に『中津市学校の記』が出され、福沢諭吉と小幡篤次郎はこの学校のために『学問のすゝめ初編』を書いた。三ノ丁に置かれた。

慶応義塾から福沢諭吉、小幡篤次郎、浜野定四郎、松山棟庵などが中心となり、中津の旧藩士、市校協議人である嶋津祐太郎、山口広江、菅沼新、中野松三郎などと計画していった。「学科ヲ分テ、本科、別科ノ二種トナシ、本科ハ専英語ニヨリ、別科ハ訳書ニヨリ、以テ泰西窮理ノ実学ヲ講習シ、且傍ラ共ニ和漢学、数学等ヲ授ク。又別ニ女子部ヲ諸町ニ置キ、普通ノ読書数学ノ外、裁縫礼式等、女子必須ノ諸技芸ヲ授ク。又付属小学校ヲ設ケ、其程度ヲ小学ニ倣ヒ、以テ本校入学ノ予備科ヲ授ク(63)」という内容の学校であった。

皇学校は一月遅れて、西門の場所に設けられた。渡辺重石丸が私塾道生館に拠っての、国学の運動の展開は、主に下士に引き継がれ、重石丸の兄重春が皇学教授となって出発した(64)。「皇学校規則」に「本学之要務は、明詔之御聖旨を能奉体認、神典皇史を捧読し、礼儀律令兵制食貨天文医術卜筮音楽律暦等数等、古今の沿革を詳にし、広く支那及び西洋各国の方策にも身力之及限り、該博貫通可致事但内外本末の分を誤申間敷は勿論に候事」と幅広く視線を向けているが、「学方は羽倉東麿、岡部真淵、本居宣長、平田篤胤四氏を以本宗とし、其他諸家末書をも博く折衷可致事(65)」と限定している。実際の日課には、素読、講釈、輪講の対象として、『古史成文』『万葉集』『論語』などが挙げられている。

藩校進脩館は廃藩置県後に廃止されたが、明治五年三月に「漢学校規則」がつくられ、漢学の授業は継続されることになった。

「漢学科の方は白石照山の私塾や橋本大久保両老の私塾にても、その後を引受て熱心に篤学の子弟を各収容したから、生徒は学習を中絶する事はなかつ《ママ》て済んだ。否寧ろ此の私塾の発展につれて地方の好学心を誘起した位である。独り皇学科の方は、碩学渡辺重春などの他方に任官する為居なくなり、適当の経営者のなかつた故か、数年ならずして廃校した。されど増田宗太郎、中尾豊岳、川村矯一郎の如き傑士は皆此の皇学派より出でたものである[66]」と『郡誌後材扇城遺聞』には解説されているが、二つの学校の軌跡はここに止まらない。

第三十六番中学校——皇学校と漢学校の合併

明治五年七月、明治政府は「学制」を頒布し、近代学校教育制度の創設に着手する。中津を管轄する小倉県でも近代教育制度への歩みを開始するのである。五年十一月県は皇学校と漢学校を合併し、進脩館跡の校舎に、第三十六番中学校として開校した。「森蓁坪校長トナリ、富永衛二之ニ副シ、皇学教師ニハ渡辺重春アリ、漢学ニハ白石常人、橋本塩巌、大久保遥《ママ》造ノ三儒アリ。以テ両学ヲ分担専任シ、且傍ラ脩身歴史地理等ノ訳書及和洋算術ノ初歩ヲ授ク。生徒ノ数凡二百四五十人[67]」であった。しかしこの学校には矛盾があり十二月には、中学生学校騒動が起きた。その原因は「西御門皇学ノ風、専ラ尊王愛国ヲ主トシ、在学ノ学生皆悲歌慷慨ノ壮士ニシテ、市校ノ急進ニ西洋実利的主義ノ教育法ヲ執リ、進脩館ノ依然トシテ悠々支那貴族的主義ノ教育法ニヨリ学生多ク惰窳柔弱ナルヲ見テ、全ク是等ト相容レズ、一ニ二者ヲ呼デ外夷崇拝ノ無腸漢トナス[68]」という対立が、二つの学校が合併することによってその勢を増していった。皇学派は「頻ニ漢学ヲ排斥ス。時ニ教師白石常人頗漢僻アリ。強テ尭舜ノ徳ヲ唱へ、孔孟ノ書ヲ称ス。之ヨリ学生益奮激シ、遂ニ之ニ抵抗スルニ(69)」至った。そこで校長が数十人に退校を命じたことから騒動は拡大していった。漸く県官の介入によって騒ぎは治まった。

あたかも明治三年に東京の大学校で起きた学神祭論争を思わせる。明治政府が東京の昌平校と京都の皇学所を合併して大学校を成立させたところ、儒学派と皇学派がどちらの学問の神を祭祀するかで議論が沸騰し、結局大学校が廃止となった事件である。

中学校はこの事件の後、組織を変えて養成校と名づけられていった。この事件を契機として白石照山は学校を止め、私塾晩香堂での教育に専念していくことになった。橋本塩巌は中学校から養成校の教師となり、市学校の授業も兼務し「その間塾生をも教養すること、終始一日の如し(70)」とされている。大久保麑山も中学校・養成校の教師を続けたが、これも塾を続けていたと考えたい。

明治に入っても、学校の教師や塾の教師であり続けた三人の儒者達にも人生の終わりが近づいた。橋本塩巌は明治十五（一八八二）年五月に、白石照山は明治十六年十月に、大久保麑山は明治十八年八月に没した。中津の家塾の歴史はここに終止符を打った。

ひるがえって、藩校と家塾の関係を考えてみると学校と塾の問題となるだろう。藩学という学校で教師が教え、学生が学ぶ。一方塾でも教師が教え、塾生が学んでいる。教育の二重構造が成立しているのである。学校と塾で学ぶという経験は藩校と家塾の時代まで遡及することができるのである。

第四章　私塾の展開

京都に胎動した私塾はどのような展開をみせていくのであろうか。地域を分けて考えてみたいと思う。私塾の拡がりには、地域によって特色が見られるからである。近世になると、京都、大坂、江戸の三都が形成され、私塾が数多く設けられ、各地から塾での学習を目的にして、遊学生が参集してくる。

京都への遊学

京都に住んで、『授業編』を著した江村北海は、天明初期（一七八〇年代前半）の京都に集まってくる書生について述べている。「凡ソ諸国ヨリ、京学々々トテ、京都ヘ来リ学ブ生徒、来ルアリ帰ルアリ、来去常ナシトイヘドモ、大抵一年ニ数百ヲ以テ数フベシ、其中ニ、学業ノ小成シテ郷里ニ帰ルハ、十ニシテ一二ニ過ズ(1)」と。彼らはなぜ「相応ニ書生ノ業ヲ勤ムレドモ、其業ノス、マザル」ことになるのか。江村はその原因として、学習のための準備不足と、学習の方法に欠陥があるのだと指摘する。準備不足の点についていえば、「先其下地ヲ、郷里ニテトクトコシラエテ、京都ヘ登スモヨシ、登ルモヨシ、仮令イマダ無点ノ書ヲ、読ミコナスホドニハ至ラズトモ、点ツキノ書ハ、何ニテモ滞ラズシテ、文義モ深微ノ理ハ解セズトモ、一通リハ合点モユクホドニナリテ後、上京スベシ(2)」と読解能力がついた後に上京すべきであると説くのである。それぐらいの事前の学習はどこの田舎でも可能になっているとして、「何レノ国ニテモ、大小コソアレ、城下ナキト云ハナシ、サレバ其所ニハ、文学教授ノ官アリ、左ナクトモ、大概書ヲ読ミタル人アルベシ、タトヘ城下ニ遠キ山村田家タリトモ、五里三里ノ間ニ、大県大邑無キト云所ナシ、左様ノ所ニテ、其人ヲ択ミ、近キハ通ヒ、遠キハ寄宿、又ハ其近処ニ借居シ、畢竟京学ノ心ニテアラバ、イカヤウニモナルベキナリ、是等ハ京都ト違ヒ、田舎ノ事ユヘ費モ少ナク、又其人為《ヒトガラ》ヲ損ズル事モナクシテヨカルベシ、カクテ余ガイフ学文ノ下地出来テ、京へ上ルベシ(3)」というのが江村の主張するところであった。この時期学ぶ意志があれば、学問の基礎を修得する可能性はどこにでも開かれているのだから、先ず京都へ出る前に地方で基礎学力をつけて置くべきだと主張する。

しかし実際には、現時の書生は「其郷里ニアルウチ、僅カ四書ノ素読ヲ習ヒシトイフマデニテ、其余ハ平仮名片仮名ニテ書タル書ヲダニ、開キ見タル事ナキガ、十人ニ七八人アリ、サテ二三年ノ年限ヲ定メテ京へ上ルニ、イマダ学文ノ下地ナキ故、書ヲ読テモ読メズ、講釈ヲ聞テモ理義ワカレズ、其上預ジメサルベキ師ヲタノミ置テ、其教授ヲ受ルニモ非ズ、大方ハ京ヘノボリタル上ニテ、書林ナドノ手引ニテ、講説ノ数多ク、等輩ノ書生多キ方へ頼ミテ入門ヲ約ス、カヽルホドニ、其弟子ノ師ヲ信ジ、師ヲ敬スル心元来薄ケレバ、其師ノ弟子ヲ親シミ、引タテント思フ心モ亦厚カラズ、カクテヤ、京都ノ方角ヲ弁ルホドニナレバ、同ジク諸国ヨリ来リ集リ居ル書生輩ニ、近付多クナリ、此《コヽ》カシコノ事ヲ聞合セ、ソレヨリシテ爰ノ先生カシコノ先生ヘモ謁ヲ請ヒ、其講席ヘモ出ヅルニ至ル[4]」。その結果として「二三年ノ限リハ、白駒ノ隙ヲ過ルニ似テ、何ヲ一ツトリ得タル事モナク、郷里ニ帰ルモノ、十ニシテ七八ナリ[5]」と結論づけている。

　京都に多くの遊学生が訪れ、問題をかかえながらも、勉学を指向していたことがわかる。ではこれらの京都に遊学した学生はどの位の数になるのだろうか。京都の医家に保存されている医家門人録がある。曲直瀬家（啓迪院）・伊良子家・山脇家・吉益家・荻野家・賀川家（油小路）・海上随鷗・小石家（究理堂）・小森家・百々家・水原三折・広瀬元恭（時習堂）の塾のものである。「これらの門人帳に記入された門人の総数は、曲直瀬家二六六人／伊良子家二三一人／山脇家七〇八人／吉益家二六三三人／荻野家八〇六人／賀川家九五〇人／海上随鷗一三三人／小石家五六六人／小森家三二四人／百々家三九八人／水原三折一八一人／広瀬元恭三三二人、総計七五二八人の多きに達し、また畑柳安（黄山）の建てた医学院も数多くの門人を育てた。この他に福井家、一貫町賀川家・北賀川家・小野蘭山・山科宗安・吉雄元吉（蓼莪堂）・中神琴渓・藤林晋山・新宮涼庭ら有名医家は、それぞれ数百ないし数十人の門人を養成したと思われるし、無名ながら洛中の多くの医師たちも、一家で五人・十人と門弟を養成している。また門人帳に氏名を記入されていない入門者を加えると、江戸時代二百年間に京都に遊学した医学生はぼう大な数字にのぼることがわかる[6]」と「医家門人帳」の解説を書いた杉立義一は記している。

遊学生に対する案内書――京都と江戸

しかし、京都への遊学は医学に限られたものではなかった。先にみた講習堂や古義堂をはじめとする儒学も欠かすことはできない。幅広い学びの場が成立していたと考えることができる。そうした遊学生に対する案内書が出版される。『平安人物志』である。明和五（一七六八）年版の「凡例」には

一、此の編の作、他邦の人、京師に遊学する者の為に輯《アツ》む。
一、凡、姓名ノ下ニ字《アザナ》、号を註し、且《ま》た居処及び俗称を記して、以て諸生の投刺に便す。
一、凡、姓名の目次は惟《タヽ》聞き識ることの前後に従う而已《のみ》。必ずしも学術の優劣を評するに非ず。
一、此の編、輯むる所は京師に住する人のみ。他国に遊事する者と暫く京師に寓する者との若《ごと》きは、則ち之を除く。
一、編中、遺漏する所は他日応《マサ》に追て補うべき已《ノミ》。(7)

とあり、「京都に遊学する者の為に」編輯したと述べている。

『平安人物志』はその後、安永四（一七七五）年、天明二（一七八二）年、文化十（一八一三）年、文政五（一八二二）年、文政十三年、天保九（一八三八）年、嘉永五（一八五二）年、慶応三（一八六七）年と続刊されている。(8) 筆者の許にあるのは『芸苑叢書』版で、天明二年、文化十年、文政五年、天保九年、嘉永五年の五種が収められている。

天明二年版では、分類項目は、学者、書家、画家、篆刻、暦算、卜筮、本草となっており、学者には百三十九名が載せられている。また文政五年版の分類は、儒家、詩、韻学、篆刻、書、筆法家上代様、和歌、連歌、和音訓、和学、有職、衣紋、画、文人画、鑿古筆、医家、物産、種芸、数、天文算法、律算、星宿分野、地理風水理学、相宅撰方、易学、仏学、禅学、阿蘭陀学、文雅、律、鄙曲、今様催馬楽、楽、明楽、平曲琵琶、琴、箏、鞠、碁、奇工、良工、細刀、細書、細画と、付録として女流、緇流が挙げられている。そのうち儒家として七十二名の名があり、医家には六十七名がある。嘉永五年版は、儒家、詩、儒、韻学、書、文人画、篆刻、和歌、和学、連歌、有職、衣紋、画、鑿古筆、医家、物産、種芸、数、易学、文雅、律学、楽、明楽、平語、七絃琴、箏、碁、鞠、奇工、良工、細奇工、女流、緇流の分類で、儒家は四十八名、医家は七十八名が記されている。儒家と医家の数をあげたが、これらの人達の多くは塾を開いていたであろう。

しかし、京都在住の儒者であっても開塾しない者もあった。先にみた江村北海は、宮津藩の家臣の嗣子となったために、宮津藩の儒官となり、後に藩が郡上に転封になると郡上に赴いた。しかし「余脚疾ヲ以テ職ヲ辞シ、尋デ又禄ヲモ辞シ、世ニイフ浪人ニテ京都ニア[9]」ることができたのは五十一歳になってからであった。それでも「セメテハ一箇年ニ一度藩府へ至リ、諸士ニ読書ヲス丶メクレヨトノ、旧君ノ命イナミガタク、今ニ至リ、一箇年ニ三十日ノ逗留ヲ約シ、濃州郡上へ往来ス[10]」ることになった。したがって、「自身ニハ、タヾ青山侯ノ留守居ノ浪人トノミ心得テ、カツテ儒学先生ヲ以テ居ラズ、故ニ京都ニハ住《スメ》ドモ、多ク生徒ヲ集メテ、経義ヲ講説スルコトナシ、詩文ノ業ヲ請フ人ニハ、知レルホドノ事ハカタリキコユ、其正削ヲ求ムレバ、聊其応酬ヲナスハ、八ロノ家織ラズ耕サヾレバ、シバラクコレヲ以テコレニ代ルノミ[11]」であるとしている。儒学の講説の代わりに作詩の添削などで生計を補うことにしていったのである。『平安人物志』の分類では儒家の次に詩がおかれている。

こうした例を含めて、京都で教える側に立つ人の数は極めて多くなり、そこに学ぶ人の数もさらに増えていくことになる。京都は江戸時代から学びの場を形成していたといえる。

京都の『平安人物志』と同様の書籍が江戸でも発行された。『江戸当時諸家人名録』（文化十二年）、『江戸当時諸家人名録二編』（文政元年）、『当時現在広益諸家人名録』（天保七年）、『江戸現在広益諸家人名録二編』（天保十三年）、『江戸当時広益諸家人名録三編』（文久元年）である[12]。これらの人名録は、分類して人名がまとめられているのではなく、いろは順にまとめられて記載され、各人の領域、名、字、号、出身地、住所、姓名が記されているところが特徴となっている。『平安人物志』の最初の版が明和五年であるから、『江戸当時諸家人名録』の刊行が文化十二年と比較すると四十七年の開きがある。

『江戸当時諸家人名録二編』の「凡例」には

○初編ニ述ルガ如ク儒家并書画専門ニアラザレドモ学者ノ聞ヘアル者ハ姓名字号居所等ヲ改正シテ他邦ノ人大江戸ニ遊学スル者ノ諸生ノ為ニ便ナラシム

○此編ニ遺漏スル高名ノ儒医文人墨客頗ル多シ猶三編四編ニ嗣刻スベシ

○都テ三編ニハ学者儒医和歌連俳ノ諸名家委ク纂訂シテ采覧ノ諸君子ニ備フ
○此書十五六カ年以前ニ物故セル者ハ載セズ纔ニ其以後物故スル者ハ未だ諸人ノ目撃スル所故ニ
●此印ヲカカゲ出シテ見安カラシム皆初編ノ体ニナラフ
○姓名ノ目次ハ聞識スルコトノ遅速ニ随テ記セリ必シモ学術書画ノ優劣ヲ以テ甲乙ヲ評スルニアラズ又此冊錯誤疎脱尤多シ幸ニ亮察焉

とあり、『平安人物志』と同じく「他邦ノ人大江戸ニ遊学スル者ノ諸生ノ為ニ」編纂することが目的であったと述べている。

文化十二年版の学者の数は、学者五十九人、国学七人、学者詩人三人、学者書家二人、国学漢学詩文一人、学者詩書画一、女史学者一人の計七十四名である。ちなみに学者詩書画は亀田鵬斎である。また●印のついた者が学者十二人、国学二人、学者詩人一人の計十五名が故人である。したがって、この時期に現存の学者の合計は五十九名となる。『平安人物志』の文化十年版では、儒家六十七人、和学二十二人、計八十九名と比較すると江戸対京都の学者の比率はおおよそ二対三となる。

また『当時現在広益諸家人名録』（天保七年）と『平安人物志』（天保九年）をみると、人名録では、儒道学六十二、儒古学二十一、儒折衷学十五、儒国学一、国学十四、蘭学九の計百二十二名が学問関係では挙げられている。人物志には、儒家五十七、和学十の計六十七名が記され、医家九十一名が加わる。人名録と人物志を比較して特徴的なことは人物志の医家の多さである。

京都と江戸と大坂のいわゆる三都には塾が多く設けられ、そこには遊学生が諸国から来遊して、目的とする学問を学んでいった。遊学生たちは一つの塾で学ぶばかりではなく、次々に塾と学問を求めて学ぶ者もでてくる。そのことについては後に触れる。

九州と私塾(1)——その先駆者たち

九州に眼を向けてみよう。豊後の日田に成育した広瀬淡窓が『儒林評』のなかで、「我豊後ニテ先輩ノ高名ナルハ。杵築ノ三浦安貞ナリ。安貞ハ条理学ト云フ事ヲ。自ラ始メタリ。宋儒窮理ノ説ニ似テ。少シク異ナリ。生涯仕ヘズ。弟子ヲ教授スルコトヲ事トセリ。従遊ノ者。筑ノ亀井ト相比セリ。海西ニテ。四方ヨリ生徒ノ多ク聚マルコトアルハ。三浦亀井ノ二先生ヨリ始レリ。三浦ノ門人ニ。脇義一郎ト云フ儒者アリ。予ガ童幼ノ時。書信往復セシコトアリ。即チ日出ノ帆足愚亭ガ師ナリ。帆足モ窮理ヲ好ミ。又生徒ヲ教授スルコト。三浦ノ学脈ヨリ伝フル処アリト覚ユ」[13]と簡潔に記している文章のなかに登場する儒者たちがこの地方の塾の先駆者であったともいえる。

淡窓の文章中の三浦安貞とは三浦梅園のことである。梅園は四十四歳の時（明和三年）に「塾制」を書いているから、開塾はそれ以前のことと考えられるが、明確な時日はわからない。「塾制」[14]によれば塾の運営に当たる役職が、塾生中から選定されていた。塾中を規正する学頭、学頭を補佐する補正、塾の威儀にあずかる威儀監、人の出入りを監督する門監、師に代わって学問の質疑をうける学正、日々の生活を監督する監事（二人）、来客の接待をする給仕番、薪水などの労役にあたる僕などである。梅園塾では塾生によって、塾の組織の維持運営がはかられていた。後の広瀬淡窓の咸宜園では、この側面がより強力にうち出されていくことになる。

また「筑ノ亀井」とあるのは福岡の亀井南冥のことであって、亀井南冥が私塾蜚英館を設けたのが、明和元（一七六四）年であった[15]。したがって北九州の地域に、地方から生徒が参集して儒学の学習をする私塾が開かれていくのは、十八世紀の半ばごろからであると考えてよいだろう。

私塾が開かれる以前にはどのように学んだのであろうか。三浦梅園の例でいえば、少年期に家にある雑書を手あたり次第に読み、難読の文字があると、山を越えて字彙を所有している寺まで通って調べたという。十六歳の時には杵築の町に遊び、荻生徂徠の唐詩のことについて聞いたが誰もわからず、翌年になって、杵築藩儒である綾部絅斎に詳しく詩について学ぶことができたという。さらにこの年梅園は中津藩儒の藤田敬所について一ヵ月ばかり中津に滞在して教えを受け、二十一歳の時再び中津に行き藤田に学んだ。このときも三十日ばかりの就学であった。こののち梅園はほとんど独学で自己の学門を形成していった。

一方、亀井南冥の場合はどうであったのだろうか。国東半島の山村に育った三浦梅園とは異なり、福岡という城下町に成長し、また医者であった父聴因が儒学への興味を持続していたこととも併せて、亀井南冥の学問的環境は比較的恵まれていたといってよいだろう。聴因が学んでいた儒僧若拙の講席に、若い南冥も連なったことから始まり、十四歳のときには、肥前の僧大潮の門に入っている。大潮は仏儒を究め、荻生徂徠や服部南郭らと交流していた人物である。さらに大坂の永富独嘯庵のもとにも遊学しているのである。その後南冥は長崎・熊本などに遊歴して研学に励んでいった。安永七（一七七八）年三十六歳の南冥は、塾や医業を継続したまま福岡藩の士分に取り立てられた。次いで天明四（一七八一）年には福岡藩校の東館、西館が設立され、南冥は西館の主宰者、つまり古学派の学統の中心になっていった。藩校の教師になっても、塾は存続されていった。

さらに広瀬淡窓の文章のなかの脇儀一郎（蘭室）の場合はどうであったろうか。二十歳を過ぎて熊本藩の儒臣藪孤山に学び、また大坂に行って中井竹山にも学んでいる。その間二十二歳のときにはじめて三浦梅園を訪れている。「その後も再度訪ひゆきて、条理の説の著述をもはしばしは聞つれど、世の事しげきにまぎれて、従ひ遊ぶこともこゝろに任せ(16)」なくなってしまった。脇は寛政初年から九（一七九七）年まで、郷里の豊後小浦に菊園という私塾を開いた。その後熊本藩校時習館に招聘されたが間もなく辞し、肥後藩領であった豊後の鶴崎の郷学校で教えた。

九州と私塾(2)――その継承者たち

以上三つの例であるが、私塾のない時代には、漢学の師を求めて、藩校の教師に教えを乞うたり、地方に遊学して修学していった様子がうかがえる。これらの例に比較して、帆足愚亭（万里）と広瀬淡窓の場合は違っていたといえる。地域に学ぶべき塾がすでに存在していたからである。帆足万里は十四歳で小浦の脇蘭室について学んだ。しかし脇が熊本に聘せられると、帆足は大坂に遊学し、師と同じく中井竹山のもとで学んだ。さらに京都に行き、皆川淇園の門に入った。そして二十四歳の帆足は、享和元（一八〇一）年二月、広瀬淡窓、亀井南冥を訪ねている。

帆足万里が日出藩士の身分のままで塾を開いたのは享和三年であった。翌文化元年に日出藩は帆足万里を儒官とし、その家塾構内に藩費で学舎を設け、稽古堂と名づけ、藩の子弟を学ばしめていった。家塾には他藩の武士・学者や近隣の好学の者が集まってきて学んだ。天保三（一八三二）年に帆足が藩の家老に任ぜられると、他領の門生を謝絶し、藩校の教授は米良東嶠に引き継いでいった。

在職四年で、帆足は老いを理由として家老職を辞したのが天保六年であったが、天保十三年十一月には日出の西、南端村目刈に塾を設けて西崦精舎と名づけた。塾生を素読生、四書生、五経生の三段階に分けて教授し、試験なども行ったようであるから、塾の教育的組織も整えられてきつつあったといえる。

これらの塾と比較して、最も教育的組織が整えられていったのが、広瀬淡窓の私塾咸宜園であった。広瀬淡窓は天領の代官所所在地である豊後の日田の豪商の家に生まれた。幼時から病弱であったが、学問的には早熟で、十三歳のときに、郡代羽倉権九郎の前で『孝経』を講じたほどであった。広瀬淡窓の学習歴は、天明八（一七八八）年に七歳で父から『孝経』の句読を授かったことに始まる。その後日田の商人や僧侶などについて学習を重ね、寛政三（一七九一）年久留米の浪人松下勇馬が日田に来て塾を開いたのを機に、淡窓は入門して本格的に学問に励むことになる。やがて寛政八年十五歳のとき、福岡の亀井塾に入門し、これが淡窓の唯一の遊学の機会となるのである。寛政十二年に帰郷して、塾を開いたのは文化二（一八〇五）年であった。開塾前、広瀬淡窓は大いに苦悩していた。肥後から来た信頼する医師倉重湊に書簡を認めてそのことを訴えた。「某幼キヨリ。専ラ読書ヲ事トセリ。今日ニ至リ。身ヲ立ツルノ計ヲ作サントスルニ。儒ヲ外ニシテスヘキ様ナシ。抑儒ヲ以テ身ヲ立テントセハ。出テテ諸侯ニ事フルカ。又三都ノ間ニ行キテ舌耕スルカ。二ツノ外ハ。為ヘキ計ナシ。此二ツノ者。皆某当時多病ニシテ。之ヲ作スコト能ハス。又当県ニアリテ舌耕セントスルニ。我日田ノ地。開闢以来。儒者ト云フモノアルヲキカス。是其業立ツヘカラサル故ナリ。某既ニ数年来。生徒ヲ集メテ講説ヲ作スト雖モ。業ヲ受クル者。五六人ニ過キス。是何ソ門戸ノ計トスルニ足ランヤ」[17]と。また医師や農工商の職業にも就けないと。儒業を成立させるためには、藩儒となるか、江戸・京都・大坂の三都に出るしかないといっているのは、亀井南冥や帆足万里のことを考えていたのだろうか。湊の諫言は「是足下ノ業儒ヲ他ニシテ。又何ヲカ事トセンヤ」であり、「儒ト為ツテ活計ニ窮セハ。何ソ飢ヱテ死セサルヤ」であり、「畢竟足下今日ノ事業。父母ノ膝下ニ在リテ。教授ヲ以テ事トスルヨリ外ハ無シ」であった。淡窓は「湊カ忠言ヲ拝謝シテ。是ヨリ改励シテ。教授ノ業ニ心ヲ専ニスヘキ由ヲ。湊ニ答ヘタ」[18]のであった。

淡窓の私塾には徐々に塾生が増加していき、塾名も成章舎、桂林荘、咸宜園と変わっていった。塾生が増加するにつれ、塾内には様々な弊害が生じてくる。一般的に「当時諸生。師ニ随フ者。大抵年十五六ヨリ二十七八迄ノ間ニシテ。誠ニ血気未タ定ラサルノ輩ノミ也。是ヲ以テ。同居スル者多キ時ハ。種〻ノ悪習ヲ生シ。其弊事挙テ述ヘカタシ。凡在塾中。長ハ幼ヲ侮リ。強ハ弱ヲ凌キ。童弱ノ徒ハ。身ヲ措クニ処ナシ。固ヨリ定リタル課程モナク。何ホトノ遊惰ヲ恣ニスルトモ。誰モ咎ムル者ナシ。又勤学人ニ過キタルモ有レトモ。唯是自己ノ美ニシテ。賞愛スル者ナシ。又青楼酒肆抔ニ遊蕩シテ。父母ヨリ仕送リシ遊学料ヲモ。其ノ為ニ空フシ。遂ニ逐電シテ故郷ニ帰ラサル者モアリ。又忿争ヲ生スルコト多シ。小ニシテハ争訟シ。大ニシテハ人ヲ傷ツケ。命ヲ損スルニ至ルコトモナキニ非ス。是当時遊学ノ益少キ所以ニシテ。学徒ノ繁昌セサル所以[19]」であったと淡窓は述べる。こうした就学の状況に対して淡窓のとった対応は「月旦評ヲ設ケテ。其勤惰ヲ明ニシ。勤ムル者ハ上ニ擢ンテ。惰ル者ハ下ニ抑へ。栄辱ヲ分チテ。惰夫ト雖モ。一度我門ニ入レハ。勉励ノ心ヲ生セシム。又飲食遊宴ノ事ヲ禁シ。酒色ノ過チ。蕩財ノ患へ無カラシム。其他規約法度。謹厳ヲ極メ。賞罰黜陟。殆ト軍令ノ如[20]」き体制をつくりあげることであった。

月旦評については、既に少し触れたが（第三章四七頁以下）、咸宜園では、時期によってその内容は多少異なるが、塾生を学力によって、無級・一級〜九級に分け、さらに級は上下二段階に分けられていたから、全体では十九級の等級に分けられていた。これらの等級は日常的に行われている学習の素読、輪読、輪講、会講、書跡や試業の結果を点数に換算し、その月の合計が、等級について定められた基準点を上まわれば昇級することができた。毎月末に誰がどこの等級に位置するかを一覧表にして発表した。この一覧表を月旦評といった。

また塾の生活を運営していくために、塾生の間で職制が定められていた。塾生の職制については梅園塾でみたところであるが、梅園塾では選ばれた者が職に任ぜられたのに対して、咸宜園では塾生は何等かの職制の役割を担当しなければならなかった。そのいくつかを挙げれば、塾中の一切のことを総べる都講、都講を補佐する副監、寄宿寮の一切を処する舎長、会計担当の司計、学資納入と塾生を監視する大司計、外来生を担当する外来監、塾生の威儀品行を監視する威儀監、試験の勤惰や犯則を検察する試業監、庭の掃除を指揮する洒掃監などがあった。こうした職制を塾生が担当していくことで、塾の規律を保ち、教育・生活を維持・運営していった。そのうえに塾約があって、塾生の日常生活を厳しく律していたのである。

淡窓は晩年になって、「今ハ余カ学徒。四方ニ於テ業ヲ講シ。弟子ヲ誘引スルモノ多シ。其教法大抵余カ為ル所ニ倣ヘリ。又予カ門人ニ非ル者モ。余カ塾風ヲ伝ヘ聞キテ。模擬シテ是ヲスル者多シ。故ニ海西ノ地ホト郷先生ノ多キ処ハナシ」[21]と述べている。咸宜園の教育方式が、塾に学んだ者ばかりでなく、採用されていって塾の数が増大していることに大いに満足していた。今や「青衿ノ学ニ入ル者。僻陋ノ境ト雖モ。亦師ナキヲ以テ患ト」しないほどに学問が普及したとも述べている。

こうした咸宜園方式の普及は、ひとり咸宜園の活動のみで成立したのではなかった。この地域に存在した帆足塾、亀井塾、咸宜園はそれぞれに独立して教育活動を展開していたものの、互いに関係を有していた。享和元年に帆足万里が広瀬淡窓と亀井南冥を訪れたことは先に触れた。以後、帆足塾―咸宜園―亀井塾の関係が成立してくるのである。広瀬淡窓は亀井門下でもあり、その上塾を開くにあたって、「初メ予教授ノ事ヲ始メシコト。自ラ人ノ師トナルニ足レリトスルニハ非ス。童幼無知ノ輩ヲ導キテ。少シク文義ニ通セシメ。小成ノ後ハ。筑ニ至リテ。先生ノ門ニ入ラシムルコト。コレ素願ナリ。師家ニモ。兼テヨリソノ旨ヲ通達」[22]していたから、咸宜園―亀井塾という遊学のコースをたどる者の多かったのは当然であった。帆足塾と亀井塾の関係は、文化十四（一八一七）年二月に始まるようである。広瀬淡窓が「日出ノ勝田深造・松本鶴眠来リ見エタリ。帆足鵬卿ノ門人ナリ。帆足ヨリ命シテ。亀井ノ門ニ入ラシメントス。予カ書簡ヲ乞ウテ。紹介トス(23)」とあり、鶴眠のみが入門している。また帆足万里が家老になるとき、他領の塾生は亀井塾に移している。こうした塾の関係は、反対方向の亀井塾―咸宜園、咸宜園―帆足塾という関係も含まれてくる。

こうしてみると豊後や福岡の塾は単独で存在したのではなく、互いに関連を保ちながら、塾の教育を展開していったことが理解できる。そこでは家塾であっても、私塾であっても区別はなかった。そうして広瀬淡窓のいう学習における「士庶同学」の場が拡がっていったのである。

遊学の世界

福岡や豊後地域だけが遊学の地ではなかった。すでに見たように、三都が遊学の中核都市であった。咸宜園も三都とつながる可能性をもっていた。咸宜園で学んだ一人の塾生の学習歴を追ってみよう。その人物は咸宜園の入門簿の最初に掲載されている館林伊織である。「享和元年辛酉五月朔　当郡隈町　館林伊織　兄清記(24)」と記されている。兄清記が紹介者となって、開塾以前から学んでいたことがわかる。『懐旧楼筆記』の文化九（一八一二）年の条には「此年。館林伊織。玖珠郡麻生春畦ノ義子トナリテ。彼地ニオモムケリ。伊織父母ヲ失ヒショリ。外祖ノ家ニ養ハル、コト。至レ此十三年ナリ。予ニ従ツテ儒ヲ学ヒ。又医ヲ秋月ノ戸原暦庵ニ学ヘリ。予ヨリ若キコト十歳。今年二十ナリ(25)」とあり医学を学んだことが知られる。また文政二（一八一九）年七月五日「麻生伊織ヵ輩。皆曾テ筑ニ遊ヘリ[26]」とあり、亀井塾に遊学したことがあることを伝えている。麻生伊織は九州で学んだ後で京都への遊学に出る。京都の油小路丸太町の賀川家の門人帳「賀川門籍」に、「文政元年　麻生伊織（豊後）[27]」の名が見える。医学修業であったが、麻生は翌年には大坂に移っているから、一年ほどの滞在であった。「文政二己卯年　麻生伊織　豊後日田人　斎藤塾生玄寿介　同日[28]」と記されているのは、大坂の篠崎小竹の門人帳である「輔仁姓名録　文化丙子至天保辛卯十有六年」においてである。記入に同日とあるのは「正月十五日」のことである。斎藤塾の塾生であった玄寿を紹介者として入門している。玄寿は豊後の人であった。篠崎塾で麻生は儒学の研鑽を積んだのであろうか。

以上の麻生伊織の学習歴をまとめてみると、咸宜園（豊後）、亀井塾（筑前）、戸原塾（筑前）、賀川塾（京都）、篠崎塾（大坂）となる。但し戸原塾と京坂への遊学の前後関係は不明である。結果として麻生伊織は医師になっている。

麻生は咸宜園で学んだ後、いくつもの塾へ遊学し、自己の目的とする能力を身につけていき、医師として身を立てることができた。遊学の範囲は筑前、京都、大坂である。塾は個別にみれば孤立しているかのように思えるが、実は遊学の世界を通じてどこまでも拡がりを持つ可能性を秘めていた。そして塾と塾を結びつける慣習が遊学の世界には形成されていた。それは紹介者、紹介状、保証人の存在である。塾から塾へ移る時にいずれかの媒介がなければ、塾は新入を認めなかったのである。そうした媒介の鎖をたどっていけば、近世社会の塾は学習者を拒むことはなかったし、目的とする高度の学問も学ぶことが可能であった。

具体的な例をいくつかみよう。備後の栗根村の医師の子であった窪田次郎の学習歴は、嘉永元（一八四八）年、十四歳で姻戚である坂谷朗盧の許で句読の教授を受けたことに始まる。次いで福山藩の儒者江木鰐水の家塾で学び、その後大坂に出て緒方郁蔵（研堂）について蘭学を学んだ。さらに窪田は京都に行き、赤沢寛輔に舎密学を学んでいる。最後は播磨の蘭学者村上代三郎についた。文久二（一八六二）年に父の老衰を理由に郷里に呼び戻されるまで八年五ヵ月の遊学であった。窪田の場合は、備中、備後、大坂、京都、播磨と廻って、漢学の句読から蘭学を習得するまでに至っている。窪田次郎は医師として生涯を終えた(29)。

長崎のシーボルトの高弟であった長州の岡研介は「文化八年麻郷村の医志熊氏に漢籍を学び、文化十一年より他郷にありて医学を修め、翌文化十二年四月は伊予の岩城島にあり、なほ此年の中に安芸に行きて留まること三年に及び、文化十四年の夏五月には同地の和蘭学者中井厚沢の門にあり〔略〕、その冬には後藤松眠の門にありたり。文政二年に萩に出でゝ医術を開業し、此時既にかなりの医名ありしが、〔略〕『洋学を学ぶには先づ漢学に通ぜざるべからず』とて、文政三年（?）豊後の日田に行きて広瀬淡窓の門に入り、文政五年七月福岡に至りて亀井昭陽の門に入り、そこに留まること一年半。文政七年二月二十七日、シーボルト先生の名をきゝて長崎に赴き、吉雄塾にありて、これに従ひて学ぶ。時に年二十六なり。〔略〕長崎にあること六七年。シーボルト先生に信用せらるること最も篤く、学才を以て高野長英と並び称せられ、美馬順三とともに鳴滝の最初の塾長たり(30)」という学習歴をたどる。

これまでみてきた遊学の場には、私塾も家塾も混在していた。学びの場としては、私塾・家塾に差別はなかった。

藩費遊学生と自費遊学生

こうした遊学の世界に関わるもう一つの勢力があった。藩学校である。各藩で遊学が多くなる時期を明確にすることはできないが、安永年間以降（高知藩）、寛政以来（弘前藩）、文政以後（亀岡藩）、安永以来（新発田藩）といったところが古く、天保から幕末維新期にかけてほとんどの藩で藩費による遊学生を出している。

藩費遊学生に対して、自費で遊学する場合もあった。藩費遊学生と自費遊学生がどのくらいあったかを示す資料が残されている。九州の延岡藩の例[31]である。明和四（一七六七）年から明治五（一八七二）年までの統計であるが、総数四百七十四人、うち藩費遊学生は百二十三人、自費遊学生は三百五十二人である。藩費遊学生は和学、漢学、洋学、医学、洋算といった学問の領域に限られる。自費遊学生は藩費遊学生と同様の学問関係が百八十七人で、残りの百六十六人は武術関係の遊学生であった。全体を通じて最も多いのは漢学で、全体の三十九パーセントに達する。次いで剣術、洋学の順となる。延岡藩の遊学生の総体をみると、藩費、自費遊学生とも天保八（一八三七）年までは微々たるものであって、天保九年以降に急に増加する。このことから、天保九年に延岡藩の遊学制度に大きな変化があったことが想像される。大まかにみて、漢学関係は、私費・藩費を問わず明治五年まで続いているが、武術関係の遊学生は嘉永安政（一八四八―一八五九）年間がピークであって、明治元年で絶えている。また藩費遊学生の洋学、医学関係が、慶応二（一八六六）年からみられはじめ、和学と洋算関係の藩費遊学生は明治に入ってからみられるようになる。大まかにいって、嘉永安政年間の武術の遊学生のピークは慶応年間でピリオドをうち、代わって文学の洋学、和学関係が慶応から明治にかけて登場してくる。このような状況は幕末から明治初期にかけての遊学生の動きを暗示しているのであろう。

このような藩の遊学生に対して、藩ではどのような援助をしたのであろうか。藩によってまちまちではあるが、いくつかの例を挙げてみよう。安中藩では修業扶持として米二人～三人口を給し、上田藩では米三人～五人口を給し、松本藩では玄米十五石ないし十七石、挙母藩では入門する師家の束脩謝儀・旅費等を支給したり、修業料として一人口または二人口を給し、高槻藩では三人扶持に、書物料として銀五枚から七枚ぐらい、狭山藩では二人扶持に年手当金一両から四両ぐらいが支給された。修業年限も一定しないが、大体一年から三年が普通であった。

自費遊学生はほとんど費用は自弁であった。遊学の世界では余裕をもった者もあるし、苦労をする者もあった。

中津藩から緒方洪庵の適塾に遊学した福沢諭吉は適塾の「塾長になつても相替らず元の貧書生なれども、其時の私の身の上は、故郷に在る母と姪と二人は藩から貰ふ少々ばかりの家禄で暮して居る、私は塾長になつてから表向に先生家の賄を受けて、其上に新書生が入門するとき先生家に束脩を納めて同時に塾長へも金弐朱を呈すと規則にあるから、一箇月に入門生が三人あれば塾長には一分二朱の収入、五人あれば二分二朱になるから小遣銭には沢山で、是れが大抵酒の代になる(32)」と述べ、塾長になってから塾生活に余裕が生じてきたことを伝えている。

蘭学塾であった適塾には塾特有の学費調達の方法があった。蘭学を学ぶには蘭文を「読砕かなければならぬ。読砕くには文典を土台にして辞書に便る外に道はない。其辞書と云ふものは、此処にヅーフと云ふ写本の字引が塾に一部ある。是れはなか〳〵大部なもので、日本の紙で凡そ三千枚ある。〔略〕是れは昔長崎の出島に在留して居た和蘭のドクトル・ヅーフと云ふ人が、ハルマと云ふ独逸和蘭対訳の原書の字引を翻訳したもので、蘭学社会唯一の宝書と崇められ、夫れを日本人が伝写して、緒方の塾中にもたつた一部しかない(33)」。このヅーフについての適塾の話である。「諸藩の大名が其ヅーフを一部写して貰ひたいと云ふ注文を申込で来たことがある。ソコで其写本と云ふことが又書生の生活の種子になつた。当時の写本代は半紙一枚十行二十字詰で何文と云ふ相場である。処がヅーフ一枚は横文字三十行位のもので、夫れだけの横文字を写すと一枚十六文、夫れから日本文字で入れてある註の方を写すと八文、只の写本に較べると余程割りが宜しい。一枚十六文であるから十枚写せば百六十四〔ママ〕文になる。註の方ならば其半値八十文になる。註を写す者もあれば横文字を写す者もあつた。ソレを三千枚写すといふのであるから、合計して見るとなか〳〵大きな金高になつて、自から書生の生活を助けて居ました。〔略〕一例を申せば白米一石が三分二朱、酒が一升百六十四文から二百文で、書生在塾の入費は一ヶ月一分二朱から一分三朱あれば足る。一分二朱は其時の相場で凡そ二貫四百文であるから、一日が百文より安い。然るにヅーフを一日に十枚写せば百六十四文になるから、余る程あるので、凡そ尋常一様の写本をして塾に居られるなどゝ云ふことは世の中にないことであるが、其出来るのは蘭学書生に限る特色の商売であつた[34]」と述べている。

『福翁自伝』には江戸の写本の様子も伝えられている。「江戸は流石に大名の居る処で、啻にヅーフ斗りでなく蘭学書生の為めに写本の注文は盛にあつたもので自から価が高い。大阪と較べて見れば大変高い。加賀の金沢の鈴木儀六と云ふ男は、江戸から大阪に来て修業した書生であるが、此男は元来一文なしに江戸に居て、辛苦して写本で以て自分の身を立てた其上に金を貯へた。凡そ一、二年辛抱して金を二十両ばかり拵へて、大阪に出て来て到頭其二十両の金で緒方の塾で学問をして金沢に帰つた。是れなどは全く蘭書写本のお蔭である[35]」と蘭書写本の効能を書き、遊学生活に役立ったと述べている。

しかし遊学生活は蘭学書生とは違った方向に導く場合もあった。文久年間に、江戸の昌平坂学問所の書生寮に生活した久米邦武は、「寮は諸藩士の集で、伝説に耳が早いから、他の在寮者にも、小藩の学資に乏しい者は探偵を嘱され、其の書付の写字料で学資を補ふ者が多少あつた。夫には偽作が多いから是非を識別するに聞見を萃め、時間を潰し、従つて読書の勉強心を荒まされ[36]」たと記しており、写字という行為の暗部を示している。

塾の数が拡大し、塾で学ぶ人の数が増大すれば、必然的に遊学の機会も膨張していった。

政治的反乱と私塾——大塩平八郎・生田万らの挙兵

幕末になると、幕藩体制はひずみを生じ、幕政改革、藩政改革を行っても、政治的、経済的破綻は繕うべくもなく拡がりをみせていく。特に嘉永六（一八五三）年のペリー来航以来、物価の高騰や幕府の対応などを背景にして、国内には尊攘運動が高まり、政治経済的混乱に拍車がかけられていく。こうした幕末の時期に塾を中心に、あるいは塾を媒介して、政治的事件が引き起こされていくのである。すでに九州の中津藩での動きは、私塾道生館の場合については第三章で触れたが、幕末に見られる私塾をめぐるいくつかの政治的反乱について記してみよう。

天保八年二月十九日、大坂天満で起こされた大塩平八郎の反乱は、私塾の主宰者の政治的反乱としては最初のものであった。私塾を開き儒学を説いていた大塩には、天明の飢饉を経験した天保の社会的状況に対して、政治を動かす地位にある者が、効果的な手段をとらず、ただ拱手していることに不満が重なるばかりであった。

大塩の私塾洗心洞に入門する時の誓約八ヵ条(37)がある。

第一　我門人たる者は忠信を主として聖学の意を失ふべからす、若し俗習に率《シタガ》ひ、学業を荒廃し、奸細淫邪に陥ることあらば、その家の貧富に応じて某《ソレガシ》より命ずる経史を購ひ、之を洗心洞に出して塾生の用に供すること。

第二　躬ら孝悌仁義を行ふを以て問学の要とす。故に小説及び雑書を読むべからず。若し之を犯せば、少長となく鞭朴若干を加ふること。
第三　毎日の業は経業を先にし、詩章を後にす。若しこの順序を顚倒せば鞭朴若干を加ふること。
第四　陰に俗輩悪人と交り、登楼飲酒等の放逸を為すを許さず。若し一回たりとも之を犯せば、その譴は廃学荒業と同様なること。
第五　寄宿中は私に塾を出入するを許さず。若し某に請はずして擅に出づる者あらば、帰省といふとも赦し難く、鞭朴若干を加ふること。
第六　家事に変故ある時は必ず某に相談あるべきこと。
第七　喪祭嫁娶及び諸吉凶は必ず某に申告あるべきこと。
第八　公罪を犯す時は親族と雖も掩護せず、之を官に告げてその処置に任ずべきこと。

他の塾の規則と比較して、極めて厳格なとりきめである。特に「鞭朴若干を加ふ」と繰り返し命じている箇所が突出している。恐らくこうした条文は実行されたのであろう。「大塩平八郎父子裁許書」[38]に「師命と称し、愚昧之門弟等を威伏為ㇾ致」と表現しているのはこうした師弟関係を表現したものであろう。また「性得偏執つよき人物ゆへ、一旦弟子になると盟文をとりたるよし。剣術なとの心得にて学文の教へに盟文を取ると云やうなることは、むかしより決てなき事也。夫ゆへ門人の中にも外の先生にても教を乞へば、大に腹を立てゝ呵責する[39]」という風聞も一般の塾の師弟関係とは異なった側面があったことを伝えているのであろう。こうした塾を拠点にして事件が起こるのである。

大塩は行動を起こす前に、自分所有の蔵書を売り払い、その代金で、困窮者に一軒あたり金一朱の施行をすることとした。施行は二月六、七、八日の三日間であった。施行を受けた町村は三十三あったが、「是等の町村は門人の居村か、或はその附近に止まつて居る」(40)ところからすると、大塩は挙兵に際して、門人を通して村人たちの参加を期待していたのではなかったか。二月六日には決起の計画は練り上がっていた。すでに前年九月頃から準備にとりかかり、実際に同志を募っていくのは暮れも迫ってからであり、門人を中心に組織化がすすめられていった。しかし計画が知らされて反対の意志を持つ者もあり、門人宇津木矩之允はその故に行動の前に殺されたし、門人平山助次郎は謀反の一件を事前に密告していた。助次郎は自殺した。

「天より被レ下候　村々小前のものに至迄へ」と題された檄文には、道徳が退廃し、奢侈の風俗が蔓延し、人民は困窮の状態に堕っている。「当時の饑饉難義を相救遣ハし、若又其内器量才力等有レ之者には夫々取立、無道の者共を征伐いたし候軍役にも遣ひ申へく候。必一揆蜂起の企とは違ひ、追々年貢諸役に至迄軽くいたし」(41)と訴えたのである。「摂河泉播村村　庄屋年寄百姓并小前百姓共へ」と呼びかけた大塩の挙兵は間もなく幕府や諸藩の武士によって鎮圧されていった。大塩の軍団は四散し、大塩は自殺してこの反乱は終わりを告げた。

大塩の乱は塾を起点にして政治的反乱が行われた最初の事例であった。塾生を通じて弾薬を調達し、小前の村々に働きかけようと企図したものの、大塩の塾に学ぶことができた門人は村の上層の子弟たちであったであろう。大塩と小前の百姓とは直接的なつながりは見いだしにくい。その間隙を埋める役割を期待されたのが門弟だったのであろう。一戸一朱を施行した金銭も門弟を経由したものではなかったか。塾の門弟を挺にして動かねばならなかった漢学者大塩の苦心が垣間見えるのである。

大塩の反乱は、越後の柏崎に飛び火した。乱の前年五月、上野国太田郊外上浜田村で寺子屋と医業を営んでいた生田万が柏崎に来遊した。柏崎の諏訪神社の神職樋口英哲と生田万が国学の平田塾で同門の関係からであった。一ヵ月ほど滞在して生田は上州に帰った。生田が再び妻子をつれて柏崎にあらわれたのは九月になってからであった。そこで彼は桜園という私塾を開いた。門人が二十人ほど集まった。

ところでこの地方では飢饉が続いていた。「当地抔いはゞ天下第一下直なる場所ニ可レ有レ之候得共、此節は四斗四升入にて一両二朱に御座候。五六里はなれし山方にては、葛之根などを喰ひ、小児をば川へ流し申候。小子など幸にして飢饉には及び不レ申候得共、別段に仕出したることは出来不レ申候。諸色は高直に候へ共、魚類は下直に御座候[42]」と柏崎の様子を生田は書簡に認めている。それに続けて、「大塩平八郎の事、御写し被レ下辱、当方にても諸所の御届書並大塩の四ケ国への捨文等、逐一に写し御座候得共、今間に合ひ兼、差上かね申候」と大塩事件への関心を示している。

天保八年五月十日に生田万は門人の山岸加藤治を連れて家を出た。門人たちを訪問するという名目である。三条や小関村を訪れ国学を教えている。さらに三条から新潟にまわり、国学の講義を続けた。

ところが、五月三十日に、生田万は蒲原加茂で剣道場を開いている鷲尾甚助、神道無念流の鈴木誠之助、その他生田の門人四人と共に間瀬浜から乗船し荒浜に上陸した。夜九つ時になっていた。一行は割元と組頭の家を襲い、穀物や金を奪い、それを騒ぎに集まった村人に分け与えていった。大坂の大塩平八郎の一党であると呼号して、村人八名、船頭一人を加え、十五名の人数で柏崎に向かった。門人を訪ねるというのはこの計画を実現させるためのものであった。

六月一日の明け方、一行は柏崎代官所を襲ったが、あえなく失敗に帰した。生田万は切腹して果てた。四人の門弟と同志の者を含めて、総勢わずか十五名ばかりの集団で、「奉天命誅国賊」「集忠臣討暴虐」と大書した旗をかかげ、目的を果たさずにこの小さな集団ははかなく潰えていった。

大塩の場合にしても、それに続いた生田の場合にしても、師は門弟と共に行動していった。日常の思想の帰結であった。これ以後、塾を中核にした政治的反乱が企てられていく。

嘉永六年米国のペリーの軍艦が来航すると、萩藩の兵学の師範であった吉田松陰は鋭くこの問題に反応していった。翌年ペリーが再来すると、松陰は攘夷を実行する目的で西洋の文物を学ぼうとし、密出国を企て黒船に乗ろうとした。この行為が発覚して、松陰は萩の野山獄に幽閉の身となるのである。幽閉の身でありながら、長州藩が、吉田の叔父玉木文之進の興した松下村塾で吉田松陰が教えることを認めたのは安政四(一八五七)年のことであった。松陰は近隣の子弟に武教全書などを講じたりして門人も徐々に増えていった。

安政五年に米国との通商条約が締結されると、松陰の政治的な直接行動への衝動はつのっていった。「幕府ニハ、墨夷トノ条約モ相済、近日ノ内、外国奉行目附等ノ吏員、墨夷ヘ渡海致ス由、然レバ、和親ハ益々固マリ、且、幕府ヨリ外夷ヘ許遣ス所ノ諸港モ、漸々開市致スベク、夷官夷民共モ、追々占拠致スベク、加之、魯西亜暎咭唎払朗察等モ、同様条約相済、殊ニ清国覆轍ノ鴉片ヲモ持来ルヲ許シ、二百年来徳川家第一厳禁ナル天主教ヲモ許シ、絵踏ノ良法ヲ改除シ、他日ノ患害、已ニ目前ニ備レリ、今日ヲ失ヘバ、千万歳待テモ機会ハ決メアルㇳナシ、幕府　天勅ニ背キ、衆議ヲ排シ、其私意ヲ逞フスルハ、頼ム所ハ外夷ノ援ナリ(43)」という逼迫した政治状勢と、それに対する松陰の政治的認識が、次のステップへの決断となった。松陰自身は動くことはできない。そこで松陰の採り得た行動は門人を動かしての直接的な政治行動であった。松陰は門下生を通して様々な活動を計画していった。京都の伏見獄に捕らわれている尊攘派の志士梅田雲浜を救出しようと赤根武人を使って行おうとする。また老中間部詮勝の暗殺も企てる。この時には門人十七名と血盟書を作り実行しようとしていた。さらに京都の公卿大原重徳に参覲交代の途中の長州藩士に大義を説かしめようとする策を練っていく。が、いずれも実現を見ずに終わっている。結局松陰は、門弟と連繫しながらいくつかの直接的な政治行動を起こそうとしたが、いずれも未発に終熄していった。政治的反乱と呼ばれる程の規模の計画をしたわけではないが、松下村塾という小規模の塾を拠点にして、自らの信念を弟子を通して実行しようという試みは失敗したが、安政の大獄で松陰が処刑された後に松陰の意志は弟子たちを通じて実現されていったのである。

文久元（一八六一）年春、武蔵国榛沢郡血洗島村の農家で、藍玉商を兼ねた家に育った渋沢栄一は、「農業の閑暇に、少しは本も読みたいといふ考へであるといつて、強て請求して、到頭父の許しを受たから二ヶ月余りも江戸に出て、海保章之助といふ儒者の塾に這入て居つた、其真意は、到底百姓をして居る時節ではないといふ考へで、〔略〕只天下の有志に交際して、才能芸術のあるものを、己れの味方に引入れやうといふ考へで、〔略〕かくて其歳の五月頃まで海保の塾に居て、頻りに書生連に交際したが、又お玉が池の千葉といふ撃剣家の塾に這入て、剣客の懇意を求(44)めていった。渋沢がこのような考えをとるようになったのは渋沢の従兄・尾高藍香の影響によるものであった。藍香は水戸学の影響を受けた尊攘論者であり、栄一は藍香塾で漢学を学んだ。領主支配の不合理を実感した経験をもった栄一は、時勢論に興味をもつようになり、やがて尊攘論の実行を尾高惇忠、渋沢喜作らの姻戚関係にある人々と計画していく。そのために百五、六十両ほどの金を江戸で調達して武器を整え、一方栄一が学んだ海保塾や千葉の剣道塾からは真田範之助・佐藤継助・竹内練太郎・横川勇太郎・中村三平などを集め、地元からは尾高長七郎・尾高惇忠・渋沢喜作などの人々が参集する。全体で六十九名ほどであった。藍香塾を中核に、海保塾・千葉塾から志士を糾合することで、一応の体制は整えられた。決行は文久三年十一月二十三日となった。

この尾高・渋沢を中心とした動きは、多分に桃井可堂の活動に影響を受けたとされる。桃井可堂は江戸で桃井塾を開き(45)、安政六(一八五九)年秋には越後に行き、中蒲原郡須田村の渡辺家や水原町で漢籍の講義をしている。文久三年三月に桃井は仕えていた庭瀬藩を辞めて帰国し、隣村の榛沢郡中瀬村に居を構え、塾を開き子弟に教えた。が、これは表向きのことで、裏面では攘夷の行動の計画を練っていた。三月二十五日には岩松俊純を上州新田郡田島村に訪ねた。可堂は新田氏の後裔とされている岩松俊純を擁して、沼田城を落とし、横浜に打って出るという計画を立てていた。その後は上州・武州の村々の有志を訪れ、計画の準備をすすめていった。尾高兄弟も訪ねている。

一方で可堂は、宇都宮藩士広田精一の斡旋によって、長州藩士や久留米藩士とも提携して中瀬村に集合する手はずを調えていた。またここには越後の可堂の門人たちも引き入れようとしていた。実行は十一月十二日と決められた。この計画は実現するかに見えた。しかし北越の同志は小千谷辺りから引き返すこととなり、岩松俊純は決起することを逡巡した。決定的な打撃であった。こうして桃井可堂を中心とする天朝組は壊滅していった。

他方尾高藍香・渋沢栄一らの慷慨組は幕府の手入れを受けて四散してしまった。

このような尊攘運動が全国的な展開をみせていった。尊攘思想が説かれ、思想は私塾を媒介にして拡がっていった。遊学者を含めてのことである。遊学生から胎生した志士の活動によって尊攘運動は成立した。私塾には様々な学者や遊学者が出入りした。そこで時代の趨勢を批判する人々は、議論をし、時には時勢論を展開していった。渋沢栄一は自分が志士になっていく過程について、「菊池菊城といふ者藍香の家に寓せし時は、就きて論語の講義を聴き、尾張の人中野謙斎の来遊するや、文選、史記の講義を聞き、後又津和野藩士椋木八太郎及び太田玄齢、薩藩士中井弘とも交りて、或は教を請ひ、或は詩文の評正を得たり。〔略〕其後藤森天山も亦来りしかば、就いて意見を問ひ、且其揮毫などをも請ひたりき。〔略〕商用を帯びて旅行する次には、信州の人木内芳軒、上州の人金井烏州、武州阿賀野の人桃井八郎等各地の人をも訪へり。年やゝ長じて後、宇都宮藩士広田精一・戸田六郎、長州の人多賀屋勇等の来遊せし時は、置酒会同して詩文を評し、時勢を論じ、遂には幕府の秕政を罵りて、慷慨気を吐くの機会多かりしのみならず、塩谷宕陰の隔韡論、大橋訥庵の闢邪小言さては阿片戦争の事を記せる清英近世談等を耽読して、意を時事に注ぎたれば、農家の青年は、いつしか天下の志士となり、身を以て国に許さんとするに至」[46]ったと述べている。諸国を廻遊する遊歴人や、儒者あるいは遊学者たちは嘉永以降、外憂内患の時代の中で、志士に転身し、政治活動に没入していった。

慶応三年十二月、下野国都賀郡出流山で討幕のための挙兵が行われた。相楽総三を中心とする江戸での討幕計画の実行であった。浪士・志士が参加した。十一月末に江戸の薩摩藩邸を出発した集団は、在地の者たちと結合して挙兵した。在地の者は参加人員の七割に達した。この挙兵集団の中には、いくつかの在地の私塾の主宰者とその門人たちが含まれていた。その一人である常田与一郎は佐賀の人であるが、諸国遊歴の途次、出流山麓の下永野村に塾を開いていた。[47]また小中村に塾を持っていた赤尾鷺州は、福山藩の脱藩浪人であったが、門弟たちが多く参加している。[48]田中正造も赤尾の門人であったが、田中は六角家との紛争で江戸に出ていて参加していない。赤尾塾の門人の安達幸太郎は、越後の新発田藩の浪人であったが、赤尾塾で学び、この地に私塾を開いていた。こうした在地の私塾の主宰者と門人、農民と江戸からやって来た浪士達が合流することで出流山挙兵は成立した。しかしこの挙兵も幕府につぶされていった。

幕末における政治的反乱の事例をいくつか簡単にみてきた。そこには私塾が多かれ少なかれ関わっていた。社会の政治、経済的な疲弊の中で、理想の政治、人間の有り様を説く学者が、現実の社会の変革を求めた行動であった。私塾の教師と塾生が一体となって政治的反乱に関わっていった。行動は多くの場合失敗していったが、社会を変革したいという希望は引き継がれていった。

大塩平八郎や生田万の場合には単独の私塾の行動であったが、尊攘運動が激しさを加える中で、政治的反乱の計画は、一つの私塾を中核にすえるにしても、参加する人々は、私塾の枠を越えた人たちが求められた。遊学者や志士が反乱に組織されていく。また農村や山村には遊歴者や浪人が求められて、私塾を開く場合もみられるようになっていた。彼らも政治的反乱に糾合される。私塾の拡がりを前提にして、こうした政治的活動が可能になるという側面が存在したといえる。

私塾は家塾と異なっていた。家塾が幕府や藩という権力に依存して成立している限り、その権力の掣肘を受ける可能性を常にもっていたのに対して、私塾の行動は比較的自由であった。したがって経済活動が旺盛な三都には多くの私塾が設けられ、各地からの遊学生を吸引し、ますますその数を増加させていった。これに対して、地方では化政期以降漸くその増加がみられるようになり、幕末に向かって、農村にも設立されるようになっていく。

これらの私塾は家塾と一体となって遊学の世界を形成していく。遊学の世界の中で、学習する者は、意欲があれば、初等の学習段階から高等の学問までを吸収していくことが可能であった。塾をいくつも変えて学ぶことで目的とする学問を身につけることができたのであった。

幕末になって、政治的激動の時代が訪れると、遊学者・遊歴者・浪人などの在地を離れた人々が政治的世界を形成し、幕府や藩の動向とも関わって、政治に志す、志士を生み出していく。

嘉永以降の政治的動乱時代には、天保期の政治的反乱とは異なる尊攘運動が全国的展開をみせるようになる。尊攘運動の中では私塾を巻きこんだ活動が多くみられるようになっていった。

近世社会を通じて、塾は都市ばかりでなく村々にまで拡がっていった。その内実も多様化し、儒学ばかりでなく、国学・洋学・和算等々の領域を包みこんでいった。この塾の総体は近世の学術、研究、教育の重要な部分を確実に把握していたのである。

第五章　学校教育制度の成立と塾

「学制」の頒布

明治四（一八七一）年、政府は廃藩置県を断行し、全国を一元的に支配することが可能となった。ついで文部省を設置して学校教育制度の創設に着手していった。

明治五年に「学制」が頒布され、この案に沿って教育制度が形成されることになる。単純化していえば、全国を八の大学区に分け、それぞれの大学区を三十二の中学区に、一中学区を二百十の小学区に細分化する。そして大学区に大学、中学区に中学、小学区に小学を設立する。小学の教育内容は教科に分かれ、文明開化の内容を盛りこんだ教科書が、文部省と師範学校によってつくられ、使用されることになっていた。

「学制」第四十三章には塾についての規定がある。「私学私塾及家塾ヲ開カント欲スル者ハ其属籍住所事歴及学校ノ位置教則等ヲ詳記シ学区取締ニ出シ地方官ヲ経テ督学局ニ出スヘシ但家塾ハ地方官ニテ之ヲ聞届毎年二月八月取集メテ督学局ニ出スヲ法トス」と定められ届け出制となっている。

「学制」にしたがって、小中学校が全国的に設立されていく。欧米的文化が小中学校を血脈として日本社会の中に流入していくのである。学校教育制度の設立の一つの目的もそこにあったのであり、またそういう情景を近代学校教育の発足時の描写として措定することが一般的に行われてきたことであった。つまり「学制」の制度的世界がこの時期の日本の教育の現実であると考えられてきた。

「学制」期の小学校と塾

今まで述べてきた塾の世界と没交渉に近代学校教育は出発したのであろうか。そのことを「学制」期、すなわち学校教育制度の成立頭初に生徒だった人々の伝記を通して検証してみよう。

最初は近代日本教育の枢要の地位を占める東京師範学校付属小学校である。明治八年十一月に、松本の開智小学校から東京師範学校付属小学校に転校した沢柳政太郎は二人の弟と共にこの小学校に通学した。「彼等三人兄弟は御茶之《ママ》水の小学校から帰宅すると袴をつけた儘焼芋等の点心《おやつ》を食べ了ると直ぐ又神田小川町の稲葉といふ大名屋敷の地内にある青籃舎といふ漢学塾へ通つて、漢学の素読の稽古をした。先生といふのは京都の儒者で廣瀬といふ人で、本塾は小石川諏訪町にあつた。頭脳明晳な政太郎はこの塾でも断然頭角を現はし、その進歩には驚くべきものがあつた。四書五経、蒙求、国史略、日本外史、十八史略、元明史略、文章軌範、唐宋八家文、左氏伝、資治通鑑等を続々と読破して行つた[1]」。小学校と漢学塾に学んでいる。

また、日本橋で育ち常盤小学から東京師範学校付属小学校に移籍した星野天地はその経緯を次のように述べている。「常盤小学も益々手狭になり、本町一丁目へ新築落成するのを待つて移転し、運動場も付き、校長も千葉実といふ漢学者タイプでない先生が来た。併し明治五年の学区制通り、矢張り第一大学区、東京府管内、第一中学区、四番小学といふ煩雑な肩書きで公立となつたのは十年からである。〔略〕それから十五歳の時、上等小学校に進んだ。先づ今の中等学校といふ所だ。学事は面白いけれど、読書が物足らないので、益々英学と漢学とに力を注いで居た。其頃校長から勧誘があつた。それは特別推薦を以て御茶ノ水師範付属の小学へ転学させるといふのである。そこは多く士族医家の徒弟で、教授法も進歩し、一体の学力も勝れて居るから、一級下を受験すれば入学出来るといふのである。私は欣然として受験した。所が却て一級上へ編入さるゝの恩典に浴した(2)」。星野の場合には英学・漢学を学んでいる。

東京の例をもう一つ挙げよう。「私は、明治十年二松学舎が出来るとすぐ入塾いたしました。もとより中洲先生とは同郷の関係もありましたが、一つには、私が世話になつた伯父の片山といふ者が中洲先生と懇意であつたので、その紹介で入りました。その頃まだ私は小学校へ通つてゐましたから、その帰りに塾へ寄つて、先生から直接ではなかつたが、とにかく素読を習つた。たしか、その時分の幹事で斎藤良一といふ人があつて、その人から五経の素読を受けた。明治十一年になつて小学校（今の番町小学校）を卒業前中途退学して、専ら漢学をやつた(3)」と回想しているのは平野猷太郎である。

大阪の堺の例を二つみよう。最初は、幼時に寺子屋・漢学塾の師匠であった父を失った村上亀太郎（浪六）である。慶応元（一八六五）年生まれの彼は女紅場（女学校）の教師であった母の手で育てられた。「朝は四時頃に起して、習字のために生駒と云へる人の許へ送り、七時に帰りて朝飯を終ると共に小学校へと送り出し、又午後の三時に帰れば、四時より読書のために錨円意の漢学塾へ追ひやり夜は十時まで寝むを許さずして燈下に復習を強要(4)」される生活だったという。極端な例ではあるが、小学校・寺子屋・漢学塾に通う少年の姿を認めることができる。そのストレスのためであろうか、彼は習字の帰りや漢学塾の往復の途上で喧嘩を求め、さらに弁当を持たずに学校に行き、昼飯に馳せ帰る往復にも敵を悩ませたという。

　正木直彦は「明治十年熊野小学校に明治天皇臨御の際、私は上級生として御前で書を読んだ。〔略〕ところが、それが起縁《ママ》となつて、私は時の県令の税所篤さんとか、大書記官の吉田豊文、学務課長の土屋弘と云つた人々に大層引立てられるやうになつた(5)」。特に土屋先生は「当時は晩晴書院といふ塾を開き、百人程の塾生を教へてゐられたので、私は間もなく、先生に勧められる儘入塾することになつた(6)」。正木は「明治十年に、河泉学校が堺県師範学校となり、其の中に中学校も置かれ、私は試験の結果、其の第四級といふのに編入されることになつた(7)」。ところが一方土屋は「河泉学校が師範学校になると共に其の校長もされることになり、私も入学して塾から通ふことになつたので、此の先生には朝から晩迄、大変お世話になつた。当時学校から帰ると、夕方、先生の漢籍の講釈がある。先生はそれを済まされると、酒を飲まれ乍ら夕食をされ、その儘、ずうつと眠られてしまふ。十時頃になると夜の拝礼と云ふのがあるが、その時先生は起きられて、それなり夜を徹して勉強される。朝の拝礼と云ふのが、毎朝暗い中に燈を点して行はれるのであるが、その時迄先生はずうつと起きてゐられるのであつた。つまり、一日の中、夕方から夜の十時迄、ほんのちよつとより寝られぬのであつた。それが年中、さうであつた。私は此の塾では、洒掃応対から、飯炊き迄、あらゆる労苦に堪へながら、一方では猛烈に勉学したもので、当時は、寸読と云つて漢籍を一寸の厚さだけ読むことの外、詩、文の日課もあつた(8)」と塾の様子を伝えている。この例では教師が自宅に開いた塾に、中学生が宿泊・通学している。

四国ではどうであったか。明治三年、高知で生まれた田岡佐代治(嶺雲)は「学校から帰ると、父に『小学』の素読を習うた。飴色の厚い表紙の大きな本に、重々しい四角な文字が威儀儼然と列んでゐるのが、何となく尊いやうであつた。『小学序、古は』と口うつしに教へられるのを、夢中で覚えた。訳も判らず難かしい者とは思つたが、漢籍を習ふといふ虚栄の誇の為めに、左程厭だとも想はなかつた。小学校へ草紙などを入れる文庫と、手習机を持ち込んだ時代であるから、学問の上に未だ寺子屋時代の風が全くは去らなかつた、従つて教師の自宅へ通つて、科外に漢籍の稽古をする事が生徒間に競争的に行はれた。国史略から日本外史、十八史略といふ様な順序であつた。天地未だ開けざる時、渾沌として鶏子の如しといふ国史略の開巻第一の語を難かしいとおもつた。英語は其頃官を辞して国に帰つて居た叔父から学んだ。十一か十二の歳であつた。ウエブスターの綴字書から、ウォルソンの読本(リードルと呼ばれてゐた)に進んだ(9)」と述べ、小学生の間で漢籍を教師宅で読むことが流行したことと、英語の学習にまで手を広げていたことを伝えている。

愛媛の松山で育った松岡常規(子規)は慶応三年に出生した。父隼太は子規が六歳の時に亡くなっている。小学校に入学した子規は「余が八、九歳の頃外祖父観山翁のもとへ素読に行きたり〔略〕その後観山翁は間もなく物故せられしが　引きつづきて土屋久明先生の処へ素読に行きしかば　終にこの先生につきて詩を作るの法　即ち『幼学便覧』を携へ行きて平仄のならべかたを習ひしは明治十一年の夏にて　それより五言絶句を毎日一ッづつ作りて見てもらひたり　かくの如き者数月にして中絶せしが　後数月を経てまたもやはじめたり　明治十三年春に至りて竹林　三並　太田数子と同親吟会なるものをたて　毎金曜日の夜各人の家へ集り詩稿を河東静渓先生に見てもらひ　闘詩をなして甲の者がこれを取ることと定め　学校の課業などはそつちのけとして詩を勉強したりしが　もともと詩が子供に出来るはずなければ上達の極めて遅々たりき　この会は明治十五年の秋頃まで続きたり[10]」と小・中学校時代を通じて漢籍、漢詩に親しんだことを回想している。ちなみに大原観山、土屋久明、河東静渓は旧松山藩の儒者であった。

つぎは群馬県の高崎である。「漸く高崎に小学校が設置された。尤も寺の本堂に机腰掛を排列して教場としたに過ぎなかつた。〔略〕小学校の教員は旧藩臣の子弟即ち士族の若い者が多く之に当つた。〔略〕原田と云ふ先生も藩臣出の人であつたが、有志生徒の為に夜分に態々出校してランプの燈下に日本外史を教へて呉れた、此先生の素読の声と調子や節のつけ方が如何にも私共の心に快く響いて来るので、それに魅せられ、私共は喜んで夜学に通つた、屈託の無い実に温雅の先生であつた[11]」と漢学の学習を懐かしんでいるのは松本亦太郎である。また「私は学校の時間外夜分内海と云ふ漢学の先生の許に通ひ教を受けた。のろ〳〵した人であつたが確実に物を教へて呉るゝ先生であつた[12]」とも述べ、塾通いも経験している。

　農村での例をあげてみよう。関東平野の中心部、埼玉県南埼玉郡河原井村（現・菖蒲町）に育った本多静六は「明治五年八月、学制が公布されて、私が小学校に入つたのは、たしか八つの頃であつた。校舎は村の孝福寺、教室には本堂があてられ、仏壇の前の板間の上に机を並べて、薄つぺらな坐布団の上に坐つた。〔略〕最初の先生は、川越藩の士族だといふ貴公子然たる二味道政先生であつたが、〔略〕その後任に、秋本といふ漢学の素養のある先生がきた、その先生のところの夜学にも通つて、四書や蒙求などを学んだ。私が小学校時代学んだ学問は主に漢学であつた。すなはち最初は三字経といふ本で、〔略〕その次には四書五経を読み、傍ら与《ママ》地誌略といふのを学んだ。不完全ながら漢学の素読を通して、倫理道徳の儒教精神を注入されたものである」[13]と懐旧しているが、ここにも教師による漢学の夜学があらわれる。

　明治六年生まれの西原亀三は京都府天田郡雲原村（現・福地山市）に育った。「わたしは六歳で村の小学校へはいった。当時の学制は下等八級・上等八級とあって、半年毎に受験して級を進め、全部の課程を終わるのに八年かかった。学齢の定めはあったがゆるやかでわたしのように六歳で行ったものもあるが、おくれて九歳・十歳で行くものもあった。かくべつ勉強したわけではないけれど、わたしは成績がよかった。当時は試験さえ通れば級を飛んで進むことができたもので、これを『れんきゅう』といい、わたしはこのれんきゅうを三度ばかりやって、八年かかるところを六年で終わり、十一歳で卒業した。隣村に杉山玄信という漢方医があって多少漢学ができた。わたしは九つの時からここに出入して薬盛りの手伝いをしながら漢学を習った。日本外史・日本政記から論語・孟子といったようなものを、わたしが村に居た十三歳の頃までずっと習った。これが相当身について文字文章の力をつけ、同年輩の少年に比べると相当隔りのある学力を持つことができた[14]」と述べている。ここにも小学校の外での漢学の学習がみられるのである。

大沢由也は金沢藩士大沢由友の子として育った。父由友は士族の商法で失敗の後、小学校教員になったのは明治十二(一八七九)年五月であった。砺波平野の中央部に位置する後丞小学校に赴任すると「小学校にて児童教育の傍ら夜学をも開始し、村の青年や有志に『外史』などの平易な漢文を講じ[15]」ていた。他方子の由也は金沢に住み、上等小学校である育英学校に学んだ。「明治十二年まで育英学校に在学したが、学校の教科だけでは予に満足を与えなかったので、父と相談し、同年の夏より漢学を島田静斎に、洋学を沼田悟郎に就き修学することとした。島田先生は師範学校の漢学の教師で、父とは知己であった。当時、森山町に学半義塾と云う家塾を開き、専ら漢文を講じ居られ、通学生は三十名位も居た。又、悟郎先生は啓明学校の教師で矢張り父の知人で、玄蕃町に居られた。沼田へ通うものは僅に四、五人で、先生も懇篤に教えてくれたが、何が扨て、洋学ときては予に取り始めての学問で、其困難は想像外であった。アルハベットだけを覚ゆるのに十日も掛ったのである。当時、横文字の如きは一般に見た事もないのであるから無理もないのである。而して予の最も不得手な数学を、元奥村家の重臣であった富山と云う人の子息〔略〕に就き、一週三度の教授を受くることとした。是等三人の教授により、予の実力は学校の教課より遥かに上に出た。そこで自ら学校を馬鹿にして、遂に何時とはなしに退学したものである[16]」と由也は回想している。ここでも小学生が塾や教師宅に通い学んでいる。

この頃岡田啓介は福井の上等小学校の生徒であった。年譜によれば明治十二年である。「高等《ママ》小学校時代に三、四人の悪友ができた。〔略〕それで学校の成績は非常に悪くなった。特に数学は落第点に近かった。中学校に進んだとき、これらの悪友ははいってこなかった。そこで、算術や英語などが人後に落ちたのを大いに反省して、すべての遊戯をやめて、日置という先生の門にはいった。先生の宅へ伺って勉強をする日、講義が終わって先生が部屋を去られてのちも、座敷にがんばって納得のゆくまで自習をした。〔略〕日置先生の門にはいってから英語、漢文、算術などを相当勉強したつもりだ[17]」と述べている。英漢数の教科に重点を置いた学習をしたものの、補習塾の半面もうかがえる。

以上、教育制度の発足時、つまり「学制」期に小学校に学んだ人たちが、小学校や塾で、小学校の課程以外に、主として漢学の学習をしてきている場合が多く見受けられることを示した。こうした小・中学生の塾通いの風潮は、「学制」にともなって発生したものではなく、歴史的に縦のつながりを持つ旧幕時代の教育文化を引き継いだものであった。

東京師範学校中学師範学科の入学生

「学制」期の塾を別の角度から眺めてみよう。明治九年四月、東京師範学校に中学師範学科が設けられた。従来小学の教員養成を任務としてきたが、教育の進展にともなって、中学教員の養成が必要となったために設置された学科であった。この時の入学生二人の証言がある。

山県悌三郎は「新入学生中、約三分の二は、慶応義塾の卒業生、又在学生にて、他は同人社、共慣義塾、鳴門塾、共立学舎、進文学舎等より来り、相当学力あるも、学資に欠乏せる烏合の衆であつた。年長者の中には、入学前既に漢学塾を開きたる儒生あり、高等数学に熟達する測量師あり、英学塾を設けたる教師ありて、其の統率は容易でなかつたさうだ(18)」と述べている。

また町田則文が「入学志願者は何れも当時東京に於て隆盛を極めて居つた慶応義塾を始めとして、中村敬宇先生の同人社、尺振八先生の共立学舎、其の他共慣義塾九段学舎等の英学書生であつたが、殊に慶応義塾は及第者の殆ど三分の二を占めて居つた。其の他の者は地方出身であつた。故に此の六十人は入学した後各々一種の塾風があつて、即ち慶応義塾は慶応義塾風、同人社は同人社風と云ふものがあつて、服装、交際の仕方等丸で各種の状態を現はしてゐた。又入学した人の多数は教員志願と云ふよりは寧ろ英、漢学を学びたいと云ふのが目的であつた。何となれば当時東京に於て、英漢学を学ぶべき場所は開成所(今の大学の前身)、開拓使の学校(開拓使仮学校・札幌農学校の前身——筆者注)、陸軍士官学校、海軍兵学校、商船学校の外に国立の学校が無い、その中でも英漢学を十分に能く学ぶべき所は中学師範科に限ると云ふ有様であつたからである。それで之れを目的として入学した者が大分多かつた(19)」と述べている中に、「学制」期の塾生・学生の学習目的を垣間見ることができる。

ちなみに『文部省第二年報』には明治七年の生徒教が載せられている。慶応義塾五百二十六人、英学所百三十九人、共立学舎八十四人、共慣義塾七十五人、同人社二百五十三人、進文学舎七十人となっている。

地域的差違と士族の教師

地域的な塾文化の差違を自らの体験から指摘するのは小倉金之助である。明治三十一（一八九八）年に山形県の港町酒田から、旧城下町鶴岡の荘内中学校に入学した小倉は「鶴岡に出ましてから、第一印象としてつよく感じましたのは、酒田と鶴岡では風俗・習慣が非常に違うということでした。鶴岡は城下町であり、士族町であり、これに反して酒田は商人町であります。それで鶴岡には知識人が割合に多く、また幼少のころから、国語や漢文などを自分の家庭や町の私塾などで教わった人たちが、相当に多くいるのでありますが、酒田ではそういうのはあったにしても非常に少なかった。現に私の友達にも小学校時代に漢文なぞをやった人も一、二ありますけれども、私はもちろん、大多数の家庭にはそういう風習が全くなかった[20]」と述べ、幼時の漢学などの学習の風習は城下町の文化であったとしている。いわば武家文化の影響であるとみている。

一方、学校教育制度の成立にともなって、多くの士族が教師となっていった。廃藩置県、秩禄処分などの改革で職を失った士族にとって、教師は就職の重要な地位を占めた。先に見た、群馬県の高崎や埼玉県の小学校などの場合がそうであった。また「金沢に限らず、何れの土地でも同様であったと考えるが、士族が窮迫の結果、彼等は食う道を求めなければならぬ。そこで文字のある者は主として教員又は巡査となり、続々地方へ移転した。旧大藩の城下は大藩だけに移住者は益々多い訳で、〔略〕教師目的のものは主として上方方面に出掛けたのである。実際、予が十四年に上洛した当時京都に於ては、教育関係者には慥に石川県人が多かった。〔略〕斯る状態であったから、我等の伯叔父なども父に見倣って相継いで郡村の教員になった[21]」と記すのは大沢由也である。全国的にみても明治前半期には士族の教員が多かった。

以上のような条件から、城下町に色濃く塾通いが残ったのだろうし、農村での士族の教師による漢学教育の普及がみられたのであろう。

さらに当時の士族は漢学の学習経験をもち、当時の文化も漢学の教養を前提にしていた。したがって漢学の学習要求には強いものがあった。例えば、松本藩士族の娘であった鳩山（多賀）春子が、通学していた東京女学校が明治十（一八七七）年に廃校になり、女子師範学校に統合された時、「私は英語を放擲するに忍びず、どうしても師範学校へ入る気にならなかつたのでした。〔略〕予て父が英語と漢学とを勉強せよと勧めたことがあるので、私は一向に聴きませんでした。『英語と漢学とさへ出来ればそれで充分だ、実力を養成することは何よりも肝要のことである、英漢に努力しなさい。さすれば別に師範学校に入らなくともよい』と父は申したものですから、自分でもすつかりその気にな[22]」ったという。この考えは鳩山父娘の場合に限らなかったであろう。

明治十二年秋、岡山県の安達清風郡長が設立した漢学塾に入った片山藩は「塾生は皆勉強していた。

併し誰も予のように何かの目的をもって入学している者は一人もなかった。僕は来るべき師範学校の入学試験を受ける準備の為に入学したのであった。〔略〕当時の師範学校は余り程度が高くなかったことは事実であるが、而も尚当時の学則は単純であったから、学生は主に漢学、数学で鍛えたものである」[23]と漢学と数学に比重をかけた学習を考えていた。

宅稽古・宅読・本読

別の角度から、漢学の学習の意味について、明治十年代に学んだ人々の経験から究明してみよう。

明治十四年から五年間、新潟県の村上中学校に学んだ三好愛吉は「当時には今日よりも多く色々の学科があり、経済だの簿記などまでありましたが、矢張り重きを置いたのは英数漢の三つでありました。その中漢学は父がもと漢学の師範でありましたから、私も自宅で稽古を致しました。それで小学時代からよく読んで居りました。即ち七つの時代から論語孟子日本外史などを習ひ始め、十二歳の頃には四書五経前漢書後漢書など、まだ諸君の中にはその名さへも知らない様な本を素読だけは自分でやりました。ですから中学でも漢文と英語とは主としてやりましたが数学は嫌ひでありました。当時の生徒の大部分は学校が退ければ、英漢の先生の宅へ教科書以外の本を持つていつて稽古をしたものでありますが、何分多くの生徒を僅か二人の先生で教へるのでありますから、先生も御難儀であつたに違ひありません。私等の英語の先生は校長先生で長年横浜で修業なされた御方で、今から考へれば発音も教授の方法も実にうまいものであつたが、この先生は午後の宅稽古は多人教であるので、吾等の中の篤志の者十人ばかりに特に朝教へて下された。それも朝の七時頃までに終らなければならないから毎朝四時までに起きなければならない。夏はなんでもないが冬は酷い。雪は六尺以上も積り垣根を越してしまう。そこを藁沓を穿いて雪をふみわけて先生のところまで通ふのであつた。〔略〕そしてなるべく早く行つて教へてもらはうといふので競争が起る。〔略〕先生は四時になると起きられる。それから井戸端に行かれ、釣瓶から水を浴びられて家に入つて、ランプをつけて教へられるのである。その教へ方は自分が本に向つて居ると、先生がそれに向つて丁度倒さに本を見て訳をつけられる。稽古もすんで帰る遅い時は七時半頃になる。それから飯を食つて学校に行く。〔略〕先生も又かくの如くにして教へて下された。勿論月謝として五六十銭はあげたけれども、単に吾等の志を嘉して教へられたに過ぎないのである。〔略〕その先生のおいでになられた家もほんの荒屋で又先生に教へて戴くにランプを点けて貰ふのがお気の毒であるから、自分等でランプを買ひ石油も買つて稽古した[24]」と記している。教師と生徒の教育・学習への情熱には頭が下がる思いがするが、このような教育・学習のあり方を宅稽古と名づけていることに注目したいのである。

というのは、教師の自宅で学習を行うことを宅稽古と呼んだことは、旧幕時代に見られたことなのである。例えば南部藩では「下田三蔵が儒学教授に召し抱えられた文化二年から、南部藩でも儒学復興の日を迎えた。日影門外小路角の武術稽古場においては、会日を定めて藩士一統に対する経書講義が行われ、また三蔵の自宅においては儒学の家塾教授（宅稽古）が行われた。そして次第に『諸士出精の者』も多くなり、儒学教育が藩の保護奨励のもとに、公式に推進されることになった[25]」とされている。こうした旧藩時代の言葉が、同じような教育・学習のあり方について踏襲されてきたものであろう。

兵庫県の姫路では、これを宅読と呼んでいた。姫路に育った春山作樹は明治十五年に小学校に入学した。「私の少年時代には漢学主義の教育がまだ捨てられていなかった。一方小学校又は中学校に通い、一方放課後漢学者に就いて教えを受けている者が相当に多かった。篠崎則発という中学校の漢文の先生が坊主町に住んでいたが、この人の家にも八、九人の生徒が通っていた。これを宅読と称していた。宅読の先生は大抵八、九名から十二、三人の弟子をもっていたが、浅井洌氏、松平惇典氏の如きは多数の門人があって塾の体を備えていた。辻善之助君、文学博士塚原政次君は倶に松平塾の高足である。宅読又は塾で教えられたのは四書・『日本外史』『日本政記』『十八史略』『唐詩選』『古文真宝』の類であったらしい。私の父はこの旧式の教育に賛成しなかったので、宅読にも往かず、家でも教えられなかった[26]」と証言している。

「宅」という文字はないが、大分県臼杵町で学んだ、野上弥生子は想い出として「本読に行く」という言葉について記している。「今は廃れているが、私たちの育つ頃、郷里の臼杵では『本読に行く』と云うことが流行っていた。学校以外に漢文や国文を習いに行くのである。菊川南峰と云う陶淵明風な超俗的な漢学者と、久保千尋と云う小中村清矩社中の国学者が代表的な先生で、野上などは菊川先生組であったが、私は久保先生のところへ通った。この方には漢文もあったから、朝は漢文を、午後は学校の帰りにまた寄って国文を教わった。朝の『本読』は今の言葉で云えば一種の錬成に近い。私は、家の酒の仕込がはじまるとともに柏子木を叩いて廻って歩く不寝番で、ねずみと云う綽名を子供連につけられていた爺やから（眇《すが》目で、ちびで、なんとなく鼠じみている上に、夜じゅう起きているためである）極寒中でも五時にはきっと起して貰い、おこそ頭巾と毛糸の肩掛にくるまって、提灯の火影をたよりに、まだしんと寝こんでいる通りを、もとの士族町をさして急いで行く。一人一人違ったものを教わるのだから、早く行けば待つ時間が少くなる。が、そんなことより早起の競争で、稽古をすまし、もう明はなれた町を、からっぽの提灯をぶらんぶらんさせて帰るのも一種自慢なのであった。こんなやり方での学習はほんの真似ごとに過ぎなかったが、まだ十にもならないうちから、十六の春上京するまでつづけた『本読』は、つねに久保先生の追憶に繫がっている。禿頭白髯で、鼻の高い、立派な容貌をした老人で、白い瀬戸の手炙りを机の端に載せ、爪の大きな長い手をあぶりながら、お祖父さんが孫娘にお伽話を読んでやる調子で、『源氏物語』を五十四帖、とにかく一年あまりもかかって読んでくれたものであった。朝早くから声を使っているので、咽喉をうるおすために、一里飴と呼ばれていた飴玉が、紙袋にはいってそばにあった(27)」。

野上弥生子の十歳は明治二十八（一八九五）年であり、十六歳は明治三十四年である。ちなみに菊川南峰は臼杵藩校学古館の助教を勤め、廃藩以後は中等学校の教員となった。また久保千尋は国学を学び、明治二年臼杵藩集成館教授となったが、明治十二年以降郷里の子弟に教えた(28)。

以上、宅稽古、宅読、本読は文字は異なるが学習の形態は同一であり、一種の塾であった。教師の側からの「宅読」あるいは「宅稽古」「本読」についての記録は未だ見ていない。岡山藩の儒者の子として生まれた景山（福田）英子は十五歳の時（明治十四年）に小学校の助教員となった。「日々勤務の傍ら、復習を名として、数十人の生徒を自宅に集め、学校の余科を教授して、生徒をして一年の内二階級の試験を受くることを得せしめしかば、大に父兄の信頼を得て、一時はをさ〳〵公立学校を凌がんばかりの隆盛を致[29]」したと述べている。この事実はあるいは宅稽古に近いものだったと考えられるのである。

英語の流行

珍しい記録がある。長野県松本市近隣の村の明治二十（一八八七）年頃の窪田空穂の経験である。「英語というものは幾らか知っていた。それは和田学校時代、矢ケ崎先生の受持の時があり、先生は松本から英語の本を二冊買って来て、私といま一人の同級生とにくれ、放課後教えてくれたからである。アルファベットとスペリングを覚え、字を見ると発音の見当がつけられたからである。開智学校では二人の英語の先生が、放課後に熱心に教えてくれた。若い、洋服を着た先生たちで、その顔は今でも覚えている[30]」と記している。

これまで、年代を追いながら、学校とその他の場での学習の関係を見てきたが、ここに示された事例は、これまでのものと比較して唐突の感じがする。教師が二冊の英語の本を購入して来て放課後、教えている。ともかく尋常小学四年生を対象にしてである。それが高等小学まで放課後の学習が続くのである。加えて窪田には「若い、洋服を着た先生」が印象的であったのであろう。

この時期、東京の鹿鳴館に象徴される欧化政策の時代で、学生・生徒の間でも英語が流行していたのである。松本市近郊農村にもこの波が押し寄せていたのであろう。

群馬県沼田町で同時代を生きた生方敏郎の「田舎では、まさか婦人が洋装したりダンスしたりする迄には至らなかつたけれども、田舎紳士は競つて洋服を拵へた。私の叔父や父などもこしらへた。村長や学務員や町村会議員などを勤める者は、皆我後れじと洋服をこしらへた。切地の品質も、その頃のは仲々上等で価も仲々高かつたが、それにも拘らず洋服をこしらへた。女子も子供は洋装した。男の子供が洋服をこしらへたのは無論のことだ。女の子供は、髪をグル〳〵と頭の頂辺でとぐろを巻かせ、その上へ網を被せて短かい細いピンで止めた。網には小さい赤い玉の飾りが沢山着いてゐた。〔略〕兄や姉の通ふ小学校へ私も一度か二度遊びに連れて行つてもらつた事があるが、洋服を着た子供は幾人もゐた。小学校では英語を教へてゐた。兄の本箱にはウイルソンリーダーが這入つてゐたのを、私は自分が中学へ通ふ時分に発見した。兄――その頃八九歳位の兄は『イツト、イズ、ホツト、ツーデー』などといふ会話を姉と交換してゐた(31)」という記憶と窪田の体験は重なっているのであろう。

学習の位置づけの変化

教師の自宅で教育・学習する論理は微妙に変化を見せていく。明治二十年代の岡山県倉敷での話である。「当時は、上級学校にゆくのはまれな例外で、小学校の卒業は、読み書きの勉強に生涯の別れを告げることだったから、卒業ちかくになると、せめて今のうちに少しでもというので、学校がひけてから漢学の先生のところなどに通うことが流行した。おなじみの大橋先生も、学校とお百姓との余暇に、こういう子供たちのために、自宅で個人教授をはじめていた。それで私と藤波君とあの少女とは『十八史略』の素読をおそわっていた[32]」と述べるのは山川均である。

具体的な年代は不明であるが、明治中期の東京の模様を伝える文章がある。「明治も半ば過ぎるころ、東京の下町にも公立学校の先生が、その自宅で内職《ほまち》に夜間、算盤や、習字を教え、また漢文、英語の手ほどきをするのが多かった。わたしも箔屋町の露地にあった私塾に、兄が通っていたので連れてって貰った。英語は茶色の部厚い表紙のナショナル・リーダー、巻の一、アルファベットを覚えると、すぐIt is a dogから口うつしに声をあげて読まされた。漢文の方は大きい和綴本の輪廓の太い罫の行間に、木版活字で刷ってある『子程子の曰く、大学とは孔子の遺著にして諸学徳に入るの門也』に始まる『大学』の章句を、先生が音読するあとについて、御経のように読み上げるのであるが、ただ画の多い漢字を棒読みするだけ、意味の説明もないからさっぱり分からないし、興味も湧かない。それからまた算盤の稽古にも、二一天作の五、二進が一進などと、これまた九九を呪文のように暗記させられた。学齢に達したばかりのわたしにはすべてがむずかしいので、すぐ通うのをやめたから、ついに初めのつまずきで、一生英語はだめ、計数にうとく、そして四書五経にも親しむ機会を失ってしまった。それから余程のちのことだったが、わたしは呉服橋近くの露地にあった雲峰塾によく通った。それは習字の私塾で、塾主田原雲峰女史は高林五峰の高弟だった。わたしはその最も怠惰な弟子だったが、先生が温かく迎えてくれるので、始終遊びに行った[33]」と、小学校時代の学校以外の場所での経験を記している。仲田定之助の文である。

ここには、小学校教師の内職として、生徒の学習が捉えられている。極めて冷めた見方である。学習の位置づけの変化である。

この仲田定之助と同様の経験をしているのが芥川竜之介である。芥川が下町本所の小学校に入学したのは明治三十一年のことであった。「僕は小学校へはいった時から、この『お師匠さん』の一人息子に英語と漢文と習字とを習った。が、どれも進歩しなかった。唯英語はTやDの発音を覚えた位である。それでも僕は夜になると、ナショナル・リイダアや日本外史をかかえ、せっせと相生町二丁目の『お師匠さん』の家へ通って行った(34)」。

先に見た山川均と同様の意味づけから、塾通いをしたのは谷崎潤一郎である。「私は阪本小学校を卒業する一、二年前から、小学校へ通う傍《かたわら》暫く漢学や英語の塾に入門していたことがあった。それというのは、もう事に依ると上の学校へは這入れないかも知れないと考え、多少なりとも小学校以上の学力をつけて置きたいと思ったからなので、父もその点を慮《おもんぱか》って、余裕の乏しい中でもそれを許してくれたのであった(35)」。

こうした小学校卒業間際に、最終の学力向上のために、漢学や英語を学習しておくという発想はどこから来たものなのだろうか。

谷崎が東京の阪本小学校卒業の一、二年前というのは明治三十二、三年のことである。「当時は下町にも漢学者の古手《ふるて》が所々で塾を開いていたのであった。南茅場町の近所では、〔略〕私が入門した秋香塾というのは、昔の小さな寺小屋《ママ》のようなものであった。〔略〕何という姓の人であったか思い出せないが、〔略〕表に『某々秋香塾』と記した古ぼけた看板が懸っていて、三畳ほどの玄関の間を上ると、六畳ぐらいの部屋があって、そこで先生の講義を聴いた。私は毎朝、小学校へ出かける前の三十分間ほどを教わることにしていたが、先生は六十歳ぐらいの、長い髯を蓄えた老翁で、私が行くと、今朝《いま》飯を食べたばかりのところらしく、髯の間から味噌汁の曖気《おくび》を匂わしながら出て来て、机を隔てて私の向う側に坐る。机はおさだまりの天神机で、それが何脚も壁に寄せかけて積んであった〔略〕私は阪本小学校へは着流しで行ったが、漢学の塾へは小倉の袴を穿いて行った。昨今はあまり琉球畳というものを用いないようであるが、当時そういう塾の部屋はあの畳にきまっていたので、素足で直かに畏まって坐っていると、足の甲に畳の目なりの型がついた。初歩の者は、『日本外史』や『日本政記』のような和臭のあるやさしい漢文から始めたが、私は〔略〕秋香塾では『大学』から『中庸』、『論語』、『孟子』という順序で進み、『十八史略』、『文章規範』ぐらいまで習った。習うといっても、普通はいわゆる『素読』であって、文章の解釈をするのではなく、ただ音読をするのである。〔略〕その頃、小学校の先生は大概籐の鞭を用意していたが、漢学の先生は常に字突きを持っていた。字突きは、木、竹、象牙、金属などで作り、細かい彫りをしたものなどもあったそうであるが、普通は簡単な竹の棒で、あの、布を洗い張りするのに用いる伸子《しんし》のようなものであった。先生はそれを持って、一字々々文字の上を指しながら読みを下した。秋香塾は老先生と、その夫人と、二十歳前後になる娘との三人暮らしで、それほど繁昌してもいないらしかったが、朝早く行くと先生の代りに娘が出て来て教えてくれた。そして後には先生よりも代稽古の場合の方が多くなった。〔略〕私は素読だけでは物足りないで、ときどき文意を問うことがあったが、先生も娘も私の質問ぐらいにはたやすく答えることが出来た[36]」と実にきめ細やかに漢学塾の様子を伝えている。

英語塾はどうであったか。「その頃、日本人の教師を交えず、純粋のイギリス婦人だけで教えている英語の学校が、築地の居留地にあった。この居留地というのは、明治三十二年の条約改正で内地雑居が許されるようになるまで、欧米人専有の住宅地として京橋区明石町に設けられていたもので、その制度が撤廃されてからもなお当分は旧態を伴っていた、日本人離れのした、異国趣味の西洋館ばかりが並んでいる一区域であったが、そこにサンマーという英国人の一家が英語の塾を開いていた。正しくは『欧文正鴻学館』という名で、ペンキ塗りの南京下見の門の入り口に、漢字で記した木の看板が掲げてあった[37]」。「サンマーのクラスは三級か四級くらいまであった。各クラスとも午後の四時頃から始まる組と、夜の七時頃から始まる組とあり、授業時間は一時間くらいで、それをその姉妹たちが分担して教えていた。私が入門した時に午後の初等科を受け持っていたのは一番若いアリスという娘で、生徒は三十人くらいであった。教授法は、二級以上はサンマーで作製したコンヴァセーションブックを用いたが、初等科はアリスが生徒一人々々の帳面に英会話を書き、片仮名で振り仮名を施したものを渡して、それに依って教えていた。これらの外に、一と通り英語の会話に熟達している上流の子弟たちがプライヴェートレッスンを受けに来ていたが、彼らは教科書を用いないで、フリーコンヴァセーションをするのだといっていた。月謝は私たちのクラスでも月に一円収めていたから、プライヴェート組はよほど払っていたことであろう[38]」と述べている。

以上明治三十年代までの小中学生や教師たちの学校の正課以外の場での学習の形態を見てきた。こうした学習は大正期に入っても見受けることができるが、一方、徐々に変化も見せ始めるのである。

東京の私立小学校と塾

明治五年に「学制」が出された頃の東京府には数多くの寺子屋が存在していた。明治六年に東京府に提出された記録は『明治六年一月　開学明細書』に記載され八百九十八校に達している。もちろん従来の分類でいえば、寺子屋ばかりでなく、漢学塾、国学塾、洋学塾などを含んでのことである。

東京府では「学制」に対応して、公立小学校の設立を中心にする形ではなく、寺子屋を私立学校として認め、存続させ、その代わりに教育方針を文部省の意向に合わせるようにし、寺子屋師匠の教育を教則講習所で行っていった[39]。仲田定之助は次のように回想している。

「明治前半期は義務教育の普及につとめた時代だったが、東京市内には公立小学校の整備が間にあわなかったため、到るところに〔略〕個人経営の、いわゆる代用小学校〔私立小学校のこと――筆者注〕があった。後半期になってそれは徐々に閉鎖され、生徒は公立学校に収容されたようである。校長以下二、三人くらいの先生が学級掛けもちで教える小規模の代用小学校のことだから、校舎は狭く、運動場もなく、設備も教室に黒板、机、椅子くらいなもので、旧来の寺子屋式教育方法による読本、修身、習字、また女子には裁縫などの教課を入念に教えたようだ。そして厳格な躾けや、礼儀を正しく教える学校が多く、授業中よそ見をしたといっては、教室外に長時間立たしたり、乱暴したといっては籐の鞭でぶったり、罰則が相当きびしく行なわれたと聞いたが、半面小人数だったから生徒一人一人の家庭の事情も分かるので、師弟の仲に家族的な親しみが多かったことは否めない。わたしの少年時代の行動範囲、日本橋、京橋界隈だけを数えても、会文学校、小松原学校、高橋学校、戸田学校など、代用小学校はたくさんあった(40)」。

明治三十一年に東京府全体で公立小学校数四百五校に対して、私立小学校数は三百十一校で、その中代用小学校と認められたのは百八十二校にすぎなかった(41)。

こうした私立小学校に寄宿する塾生が存在したのである。一つは本島小学校である。この学校の前身は、本山明山が嘉永二(一八四九)年に、下谷中御徒町に開いた雲川堂という名の寺子屋であった(42)。

長谷川如是閑は明治十四(一八八一)年に、深川区万年町にあった公立明治小学校に入学したが、二年生の時に本島小学校に転校した。

「明治学校で、私より二年前に優等の賞状をもらって喜んだ兄が、間もなく明治を下げられて、下谷御徒町の本島学校という私立学校の塾に入れられたが、私も二年の時に、兄のあとを追ってそこに入塾させられた。そこへいって驚いたのは、明治学校の堂々たる洋館に反して、これは日本造りともいえないような、見すぼらしい平家の、玄関といえば、一間間口のそのころの貧乏な医者の玄関のようなので、そこからはいると、いきなり、だだっ広い、汚れた畳を敷いた、きたない部屋で、柱が所嫌わず立っていて、すぐ傍が土間で、下駄箱が並んで、奥の方が、先生たちの住居だが、そこはほんの三間くらいしかない。私が叔父につれられていったのは休みの日で、その広い部屋に、うちの店で小僧たちの使う手習い机が片隅に高く積み重ねられて、塾生が七、八人その部屋の真ん中に同じ机を並べて坐っていた。〔略〕私がどうしてそんな学校に移らせられたかというと、父が『頭脳』と頼んだ例の御家人あがりにすすめられたのだった。その御家人あがりも自分の子をその塾に入れたので、私たち兄弟を入れさせたのだが、しかしそれは時勢のせいもあった。〔略〕ところが『頭脳』の御家人の方は間もなく、その子を本島から下げて、学習院に入れてしまった。〔略〕しかし私は、その本島に二年ほどいたのを今に不幸とは思っていない。この学校は、その当時『大先生』と呼ばれていた老人が、安政何年かに建てた寺子屋で、明治に残ったうちでは有数のものだったので、小学校へ昇格させられたのであった。〔略〕私のいたころは純然たる寺子屋式で、その翌年にようやく二階建の、机と椅子の校舎と土蔵付の小座敷の住居が増築されたが、その新しい教室は二階と下とに一室だけだった。先生は本山明山といった老人の『大先生』と、『小先生』と呼ばれたその長男と、『松造先生』とその名で呼ばれていた次男と三人だけで、大先生は寺子屋の師匠で漢学一点張りだったが、小先生は、多少明治の学問をして、数学なども教えていた。松造先生は、そのころは小学校の先生のうちで幅を利かした師範学校出の、しかも秀才だった。〔略〕中学や師範学校の語学も、英語一式の時代に、どうしたのか、ドイツ語だった。私の兄はまだ十歳になったかならないかで、その先生からドイツ語を教えられた。〔略〕小先生は下級の生徒に学課すべてを教えて、塾生には漢学を教えていた(43)」と本島小学校と塾について回想している。つまり本島小学校には通学生と塾生がおり、塾生は学校に寄宿をしており、漢学を教えられ、時にはドイツ語を学ぶ機会もあったのである。

この本島小学校に明治二十年に入学したのが石井柏亭である。塾生の存在と、本島小学校の多少の変化についてみてみたい。「私は六歳の時小学校へ行った。そのころでも、市立の方は学齢をきちんとしていたかも知れないが、私の入学したのは本島小学校という私立のもので、寺子屋の進歩したような趣のものであったから、六歳から入学出来たのであった。〔略〕学校には塾生という寄宿者が幾人かいたが、栗島狭衣はその一人であった。栗島は私の上の姉よりは一寸下の級であったというが、助手のような役をしていた。〔略〕校舎ははじめ古ぼけた日本建の二階家であったが、私が入って一、二年してから洋風の新校舎が増築された。そのころになるともう寺子屋式の机は廃されて皆二人続きの机腰掛に換えられた。新校舎も階上階下一室ずつのものであったが、便宜上二学級を同居せしめたりしていた。なお、二階には狭い畳敷の一室が附属していた。この室は一月書初めをする時に用いたり、又大先生が臨時に国語の講釈をしたりする時に用いられた(44)」と石井は記している。

もう一つの例をあげよう。私立芳林小学校である。芳林小学校も、安政四(一八五七)年正月に開業した芳林堂という寺子屋から続いている学校であり、神田旅籠町にあり、校主は金子治喜であった(45)。

芳林小学校に学んだ室田伝右衛門は次のように述べている。「私は神田芳林小学校が旅籠町にあった当時、〔略〕即ち明治三十四年の新学期から、三十七年高等四年生卒業迄、足掛五年塾生として、起居致して居った一人であります。〔略〕小生は十才の時、江東小学校を尋常四年で終り、明治三十四年四月に神田芳林小学校に入学したのです。当時は尋常四年高等四年制で有りました。昼は一年生として勉強をし、午後は金子先生の教を受けました。当時金子治喜先生は白髪白髭を生し、勤厳其のものの態度で、机の前に座り、最初に大学を教えられ、二年目には中庸、論語四巻、孟子四巻を、三年より四年卒業迄に日本外史二十二巻を教訓せられました。私が物心付いてから此の四年間に、孔子孟子様の教え、又源平よりの日本外史を習い、日本の皇室、徳川家の由来を一通り覚えたるは皆金子先生のお蔭で、誠に感謝感激に堪えない所であります。三十四年から三十七年の四年間に、種々の事がありましたが、まず十才の時、……塾生は朝早く起き庭先から表通りを掃除する。竹箒を持ってそれから七時過ぎになり、井戸端に行き、竹竿にて水を汲み、顔を洗い、先生に一礼してから食事に付く。当時塾生は十四、五人で、先生をかこんでコの字形に座る。何しろ喰べ盛りの子供がお替りお替りと御飯だの御汁で忙しい事、やがて鈴が鳴り学校が始まる。授業が終って金子先生の机の前に座り、塾生は一人一人竹の先にて今日は此処から此処迄と漢字を教わる。当時一ケ月三食付授業料共で四円五十銭でありました。もっとも冬場は炭代として五十銭別納です。塾生は一ケ月の内、第一、第三日曜の外は、学校へ寄宿しておりましたが、芳林学校には運動場が無いので、明神様の境内が遊び場所でありました(46)」。

以上見られるのは小学生の塾生であるが、小学校卒業の者が入塾する場合もあった。明治十六年に東京の牛込に彫刻専門美術学校を開設した藤田文蔵の例である。彼の履歴書に「明治四年三月一日因幡国法美郡卯垣村第十五番中学区第百四番小学卯垣学校へ入学、同八年六月九日小学全科卒業同日仮訓導卯垣学校勤務被申付、同九年一月二十四日辞職出京、同九年四月一日東京市神田区旅籠町芳林学校へ入塾文学修業、同九年十一月一日東京市麹町区平川町彰技堂へ入学画学修業(47)〔略〕」とある。明治四年三月小学校入学についてては疑問が残るが、あるいはこの年入門した寺子屋が小学校に切り換えられたことなのか、それとも単なる誤記なのであろうか。ともあれ、小学校卒業後塾に入ったことに変わりはない。漢学を学んだのであろう。塾は小学校と連動していただけではなく、塾として独立した機能を果たしていたことを意味している。

激減した東京の私立学校

明治三十年代に入ると、東京市の公立尋常小学校の数が私立小学校数と比較して不足することが問題となってきた。明治三十一年に文部省は、東京の公立小学校が、学齢児童の六分の一しか収容していないことを問題にし、東京市に対して公立小学校の増設を命じた。東京府はこの問題に対して明治三十一年四月に、東京市は以後十ヵ年間に公立尋常小学校を九十校増設することを勧告した。東京市では一ヵ年七万円を支出し、公立小学校の建築費の三分の一を補助することにしてこの計画の実現をはかった。

この年の十一月の市議会での松田秀雄市長の説明のなかに「本案可決以後弥ヨ実施ノ暁トナラハ、気ノ毒ナカラ不完全ナル私立学校ハ自然倒ル丶ナランカ、是等ハ時勢ノ進歩ニ伴フテ変遷スル制度ヨリ生スル結果ニシテ、誠ニ已ムヲ得サルナリ。若シ校主カ其私立学校ヲ維持セント欲セハ、自ラ進テ之ニ改善ヲ加フルノ外ナシ[48]」という一節がある。

これ以降、東京の私立学校は急激にその数を減じていった。芳林小学校のように公立小学校に転換しえたのは稀有な例であるといってよい。なかには廃校後、私塾に転じた例もあった。小学校と塾の併存が、塾のみが残される形となったともいえよう。

「もっと大きな私塾も幾つかあった。それは閉鎖した代用小学校の校舎を利用して、生徒を集めていた。〔略〕小松原学校が明治三十一年に閉校したとき、生徒の大方は公立小学校に移ったが、引き続き校長先生のご薫陶を願いたいという希望者も出たので、小松原塾が開かれることとなった。長谷川かな女さんはその居残り組の一人となり、畳の上で家事、裁縫、習字などを教わったという。そして最年少者ながら、新たに入ってきた嫁入り前の娘さんや、先生を慕って集まったはたち過ぎの女の人にまじり、その感化で紅葉、鏡花、荷葉、涙香などの小説本を持ち寄っては廻し読みした、とも自伝に書いている。その前後から代用小学校はだんだんに閉鎖しなければならない運命になっていたらしく、兜町近くにあった会文学校は、やはり私塾のように英語、漢文、算盤などを習う小学生や、中学生が放課後に集まっていたようだ。それから京橋北槙町の横町（ここも東京駅八重洲口に近い）に、はげちょろけのペンキ塗り木造下見張り二階建の高橋学校も閉鎖後のことなので、夜学に英語、数学などを老校長や、その家族たちが黄色い石油ランプの燈影《ほかげ》で教えている姿を、往来から窓越しに覗き見ることができた[49]」と述べているのは仲田定之助である。

東京への遊学

東京の塾は、地方から上京して来る遊学者や、小・中学生、さらに中・高等教育の諸学校への入学の手がかりを得ようとする向学心にあふれた若者たちによって支えられてきた。

「明治二十年代までの上京遊学を『名士の少年時代』三巻に拠って分析した吉田昇の『明治時代の上京遊学』(『石川謙博士還暦記念論文集　教育の史的展開』)によれば、出遊の時の志望の内訳は、単に勉学としてあるもの六一名、立身出世とあるもの二四名、具体的目的をもつもの五五名であった。具体的目的とは将来の職業であって、その志望は軍人一三名、政治家一〇名、医者八名、芸術家八名、学者七名、実業家五名、役人四名である。また最初に入った教育機関については、多いものから挙げれば、私塾三〇名、中学校二四名、外国語学校二〇名、第一高等学校、大学予備門一四名、帝国大学一四名、私立大学一三名、専門学校六名、軍関係教育機関六名、その他五名となっている。さらに出遊の契機では、向学心が父母を説得する四三名、父兄より薦められたもの一九名、勉学の志望に燃え無断出奔する一八名、知人先輩より薦められたもの一四名、先生より薦められたもの九名、親戚より薦められたもの九名、一家上京または父の東京在勤による八名、丁稚奉公に出される三名、貸費生に選抜されたもの三名となる。さらにまた生家の族籍については、士八四、農三五、商二三、工一二となる(50)」。

東京に遊学した者たちが、最初に入る教育機関に塾が位置づけられていることは、学問を学ぶための塾が遍在していたことを示すものであろう。塾は意欲をもった者を拒まなかった。

多くの若者たちが東京への遊学に憧れていた。明治十六年六月に、松山中学校を中退して上京した正岡子規もその一人であった。「余は生れてよりうれしきことにあひ思はずにこにことゑみて平気でゐられざりしこと三度あり　第一ハ在京の叔父のもとより余に東京に来れといふ手紙来りし時　第二ハ常盤会の給費生になりし時　第三ハ予備門へ入学せし時なり　第一ハ数月前より遊思勃としてやまず　機会あらば夜ぬけなどせんと思ひし処なればなり　第二ハ出京已来食客にはいりこまんと方々の知らぬ人の処へいやながら行きしこと多く　それがため安心して学問出来ざりしその時にこの許しを得し故なり　第三ハとても力足らぬ故入学は出来ずと思ひゐし故なり」(51)と述懐しているが、「数月前より遊思勃としてやまず」の先は東京にあった。

東京での勉学――本多静六と片山潜の場合

上京して勉学する形はさまざまであった。埼玉県の農家に育った本多静六は「東京へ出て学問するには学費がいる。今の家の状態では家から金を出してもらふことは思ひも寄らぬ、父が死んでからは極度の切詰め生活、これからは少しでも家のために私を働かさうといふ。どうして東京へ出して勉強させて呉れよう。かうしたことを思ふと私の向学心も鈍ってくる。まづ家のためを考へ、〔略〕家事を手伝ふ余暇に、夜間、小学校の先生について漢書などの勉強をはじめた」(52)。そして金を貯め、明治十三年の冬、十五歳の時に「かつて岩槻藩の藩塾〔藩校――筆者注〕遷喬館にあつて、金吾兄が教へを受けた島村泰先生が、東京の四谷仲町一丁目（今の赤坂御所近くの堀端）に住み、大蔵省二等属をしていたので、〔略〕この島村先生のところに世話になることになつた。〔略〕上京後の私は猛烈に勉強した。夜は島村先生から漢学を学び、昼は四谷見附内にあつた伐柯塾で、かなりのお婆さんの先生について英語を学んだ。といつてもグランマとパーレーの万国史、次でスイントンの英国史を学んだだけだが、私の眠る時間は四―五時間しかなかつた。それで先生の家のためにも、掃除や用達を忠実にやつてのけたので、島村先生も喜ばれた」[53]。「とにかくかうして、秋の末から四月の末まで東京で勉強した私は、五月の初めには約束通り田舎の家に帰つた」[54]。「日中米搗で暗誦した本を、夜小学校の先生のところで改めて講釈してもらひ、他の人達が中学に通つて勉強する時代を、半歳は東京で塾僕的書生をやり、半歳は郷里で米搗をやるといふ変則的勉強を、十五才から十八才まで足かけ四年間続けたのである」[55]。そして新しく開校した東京山林学校の試験に合格するのである。

片山潜は岡山師範学校の学業を中途で放棄し、上京して勉学しようとした。「併しそうは思つても資金を持つて出京するのではない。所謂苦学して勉強しようと決心してのことである。多少心配はある」[56]が実行した。

銀座にある績文社という活版所の労働者となった。「予のいた下宿屋に一人の学生がいた。何でも房州の青年で野口と云う苗字であったように記憶している。此青年は漢学を勉強していた。彼の行く所は仙台屋敷の中にある岡塾であった。予は彼と懇意になっていたものだから、自然予の生活問題も話すようになった。野口が云うに、君の勉強するに一番いいのは岡塾に入ることだ。経費が安い。一ヶ月僅か三円の食料で月謝五十銭位だと云ったと記憶している。そこで予は早速岡塾に移転することにした。野口が入塾保証人であった」[57]。岡塾は仙台出身の岡鹿門の漢学塾で、綏猷堂といった。『綏猷堂門人録』に「明治十四年十一月二日、岡山県平民　片山菅太郎、二十歳三ヶ月、保証人野口正」[58]とある。

「予は此処へ入学した。毎日活版所へ通うて十時間も勤むること故、岡先生の講義など聞くことは出来ない。夜分は『唐宋八大家』の講義があって塾長の菅野弥吉が担当していたが、少し帰りが遅いと之にも間に合わぬことが屢々であった。無論塾則なるものは簡単なもので別に塾生を束縛するようなものはない。元来此塾は当時の教育の補充を以て目的とすることとなっていた。即ち当時の教育はすべて西洋風で英語が最も盛んであった。然るに官学校――陸海軍学校、法律学校――へ入学するには漢学の必要があった。故に学生が慶応義塾の卒業生でも、旧幕時代の教育を受けておらぬものは、岡塾に漢学を学びに来たものだ。〔略〕されど漢学は当時に於て既に廃れた学問であった。漢学専門で飯は殆んど食えなかった。それでも岡塾は予の入った当時は中々盛んであった。此処を下宿屋と心得て新聞社や会社、其他の学校に通学している者が沢山あった。予は其最下等の一人で、活版所に通勤する一職工であった。塾生の休日は日曜で、予の休日は一日、十五日であったから、時々先生の講義を聞いたこともある。一ヶ月三円の塾費は安いようだが、塾の賄いと云うのは米飯と味噌及び醤油を供するのみである。〔略〕各塾生は自分自分で適宜に好きな野菜を料理して食うのである」[59]。

岡塾が盛んであったことは、『綏猷堂門人録』の年別入門者数によっても分かる（一二二頁の表I）。片山潜の入門した明治十四年から四年間増えつづけている。またその出身地は表IIのようになってい

表I　綏猷堂門人録の年別入門者数（再入塾は数えている）

（明治）年	入門者数
7	1
8	10
9	38
10	22
11	55
12	67
13	103
14	105
15	82
16	118
17	84
18	48
19	7
入塾年不明	12

表II　綏猷堂門人録の府県別人数（再入塾は数えている）

北海道	3
青森	7
岩手	26
宮城	69
福島	58
秋田	7
山形	15
茨城	18
千葉	34
栃木	36
群馬	15
埼玉	23
東京	45
神奈川	42
新潟	21
富山	0
石川	12
福井	6
山梨	29
長野	28
岐阜	7
静岡	9
愛知	7
三重	4
滋賀	3
京都	1
兵庫	6
大阪	7
奈良	1
和歌山	6
鳥取	4
島根	8
岡山	7
広島	3
山口	17
高知	15
徳島	5
香川	0
愛媛	4
福岡	4
佐賀	4
長崎	22
熊本	14
大分	3
宮崎	13
鹿児島	69
不明	4

る。岡の出身地宮城県と隣の福島県、それに鹿児島県が多く、門人は全国にわたっている。

「岡塾に入ってから二三ヶ月すると、今迄塾僕を勤めていた青年が国許に帰ることになった。それで予は愈々塾僕になることになり、活版所の方を止めた。予が東京に出たのは漢学の研究ではなかった。予は西洋の学問、文明の教育を受ける希望をもって出京したのであった。然れども生活に困った予は、何でも勉強出来ればよいと思った。塾僕となれば金は一文も要らずに毎日勉強が出来る。塾僕の義務は先生の講義の時間を知らせること、其の終りを知らせるのみで、其外は講堂の掃除をするのと受付をすればよい。時に入塾を望む人に規則を示して説明するのと、偶には先生の使いに行く位のことで、別に面倒も困難もない。外出したからと云って誰も咎める者もない。然るに塾僕は一文の給金もない。只飯と味噌醬油を供給されて、入口の所の僅か二畳の室に城郭を構えているばかりである。それでも予は喜んで東京に出た甲斐があったと、是からは熱心に勉強した。四書五経の講義を聞いた。『国語』〔漢籍の古典〕も習った。一八八二―一八八三年〔明治15―16〕にかけては熱心に勉強した」[60]。

こうした状況のなかで、片山は渡辺益見にさそわれて攻玉社の塾僕になった。渡辺は攻玉社の塾僕をしていた。「予は一八八三年〔明治16〕の春早々、渡辺益見の周旋で芝新銭座の攻玉社に入った。それは塾僕としてであった。先ず攻玉社の本校に塾僕として近藤真琴社長から塾僕たることを拝命した。〔略〕予は他三四人の塾僕と一室に生活した。此処でも塾僕は働いて勉強が出来るのみで、入学生がある毎に、保証人の所に其保証の印を捺して貰いに行くと先方から十二銭五厘くれる。之が塾僕の収入のすべてである。攻玉社にいる学生は皆海軍志願の者ばかりで、其主要研究は数学である」[61]。

片山も数学を学び、代数や幾何には興味をもてたが、「予の一番困難した一科は製図であった。斧や鍬を使いなれた百姓の手には、製図など綿密な仕事は出来ない。予は全く閉口した。〔略〕尚以後測量などで一生を終らんとするには余りに単調過ぎるような気が仕出して突然止めた[62]」。

攻玉社を唐突に止めた片山は岡塾に戻った。『綏猷堂門入録』には「明治十六年四月十六日、片山潜、二二歳五ヶ月、保証人横山進一郎[63]」と記してある。岡塾に帰ったものの学費の出処がない。そこで、片山は塾友岩崎清吉の紹介で、岩崎の漢学の師であり、岡鹿門の旧友である森鷗村の漢学塾鷗村学舎に教えに行くことになった。明治十六年の晩秋の栃木県の藤岡町であった。「予は塾の幹事として待遇をうけ、先生より常に親切に取扱われた。先生は依然としてチョン髷を結っていた。予は学生等の質問をうけ、又『外史』論文などの講義をやった。先生の門下生は読書が一番の仕事で、十歳か十二歳の少年が『文選』などのむずかしいものを読むのには一驚を喫した[64]」。こうした生活を送る中で、翌年の春の農閑期に、栃木県の油田村に三、四ヵ月間、漢文を教えている。「始めは十人程の青年が来て、四書五経、『外史』、『十八史略』などを読んだ。根が慰み半分である[65]」。

森鷗村の許に帰った片山は、大病を患った後に帰京する。「其後、友人の伊藤、藤野と何処の人か知らぬ林と云う男、〔略〕此三人で英学塾を築地で始めたのに雇われたことがある。〔略〕予等は幹事とか云って、予は何でも『文章軌範』や『外史』論文の講義などをやった。〔略〕生徒は一時盛んに来たが、教授が不真面目なので段々減ってしまった。学校は終に自滅することとなった[66]」。片山が上京後の塾との関わりはこれで終了する。岡塾での友人岩崎清吉が渡米し、片山もアメリカに行くことになる。

東京で塾を開く——学資を得る方法

東京で学資に乏しい学生は苦学を強いられる。そうした学生に対して私塾を開いて学資を得るのも一つの方法であると説くのは、『地方生指針』という東京に遊学しようとする学生への案内書である。「家計貧困長ク学資ヲ出スノ道ナク、又他に依頼スヘキノ人ナキ者ハ、如何ニシテ此長年月ヲ支ヘ以テ東京ニ留学シ得ヘキカ。蓋シ天下ニ貧書生甚多シ。豈ニ其方便ナカル可ンヤ。余輩之ヲ探ルニ其法二アリ。所謂内職ト食客ト是レナリ。書生ノ内職ヲナスニハ私塾教員ヲ以テ重ナル職業トナス(67)」といいきる。「凡ソ東京ノ私塾程不完全ナル者アラス。地方学校ノ思想ヲ以テ之ヲ測レハ、大ニ誤ナキ能ハス。且其書生ハ固ヨリ秀俊ノ士ニ乏シカラサルヘシト雖モ、或ハ職工アリ、商家ノ丁稚アリ、二十ニシテ数学ヲ始ムル者アリ、三十ニシテ英学ヲ始ムル者アリ、会社ニ入ラントシテ、急ニ簿記学ヲ習フ者アリ、流行ニ伴フテ俄ニ独逸語ヲ学フ者アリ、十二三ノ少年アリ、一丁字ヲ知ラサル田舎漢アリ、故ニ少ク学力アル者ハ、之カ教授ヲナスコト難キニ非ス(68)」と東京の学習者の様々な状態に対応する教育の需要が存在するのだと説くのである。そして「例ヘハ地方中学ニ在テ、三年ノ課程ヲ卒リタル学力アル者ハ、英学及数学ノ教授ヲナシ得ヘク、少ク文章ヲ能クシ、孟子、文章軌範ノ類ヲ解説スルノ学力アル者ハ漢学ノ教授ヲナシ得ヘシ(69)」と説明するのである。そのことを前提として「若シ一年乃至二年程ノ学資ヲ支ヘ得ル者トセハ、其学資ノ存スル間ヲ以テ、其志ス所ノ学校ニ入テ、非常ニ勉強ヲナシ、其学力ヲ養成シ、東京ノ事情ヲモ詳知シ、然ル后ニ内職ヲ求ムレハ、又更ニ容易ナルヘシ[70]」と安全策を授けるのである。さらに「学資ナキ者ハ、全ク留学ヲナス能ハスト思フ可ラス。今東京府下私塾ノ多キ、幾百タルヲ知ラス。而シテ十ノ八九ハ皆書生ノ設立ニ係リ、其教員タル者ハ皆学資ニ窮スル貧書生カ内職ヲナスニ非サルナシ[71]」と激励するのである。

こうした町に散在する塾に通った記録は数多くあるが、塾を開いた側の記録は少ない。先に見た片山潜が関わった英学塾もその一例であろう。

もう一つの例をあげよう。新潟県の高田中学に在学していた佐々木憲護は、父の死により、中学を退学し、家屋敷を売り払って、兄と共に上京した。東京市本郷区西片町に居を定め、文部省教員検定試験を目指すことにした。

「文部省検定試験までには受験資格は丁年の規定あるを以て、少くとも其迄は研究もしたり、経験も積む必要ありとし、家庭に私塾を経営せり、即ち西片町十番地に号二十一に、啓発舎なる数学塾を開設[72]」した。「啓発舎規則」を作り掲示した。規則は「一、本舎を啓発舎と名付く　一、本舎は算術、代数、幾何、三角（平面、球面）を教授す　一、本舎は何時にても入学を許す　一、月謝は一科目につき五拾銭づつとし二科目以上兼修するものには一科目四十銭宛とす　但し束修《ママ》金五拾銭とす、詳細は面接とす[73]」と定めた。

「八畳の一室を教室とし、三尺五尺の縦横の机二脚を備付け、其上に大型石盤（スレイト）五六枚と石筆五六本を置き生徒用とし、入舎生は輪番に机間教授す。入舎生は概して他の中学校程度の学生にして、学力補充として或は其学校の宿題課題の翌日の難を免れる為めに来るものゆへ、午後三時以後は密集し、午前は至て閑散門前雀羅を張る有様なりし、従て小生は此時間を利用して英語の学力補充の必要から、国民英語学校に入学し、帰路仏蘭西語の私塾で一時間づつ稽古して帰る。午後三時よりは自宅啓発舎の舎長となり事務兼小使となる。一ケ月五十銭の謝礼は之を三年間継続す。最多時の在舎生二十七人、収入十三円五十銭、長兄事業成績挙らず一ケ月家賃五円に窮迫す、小生の収入にて僅かに家主の立ち退きの難を免る(74)」ことが出来たのであった。当時彼は数え年十九歳から二十二歳であり、塾を閉鎖したのは明治三十年七月であった。

こうした塾が増えていくに従って、小中学生の塾通いも盛行するのである。

教員の私宅教授禁止訓令

明治二十八(一八九五)年五月、府県から小学校教員の私宅における生徒教授を禁止する訓令が出された。大分県訓令の全文を引用する。

訓令第一一号　明治二十八年五月十四日

県知事発　郡役所・町村役場あて

小学校教員私宅ニ於テ、教授時間外ニ其生徒ヲ教授スルトキハ、生徒心身ノ発達ヲ害スルノミナラス、徒ラニ教授ノ標準ヲ高メ、生徒管理上偏愛ノ嫌疑ヲ受クルニ至リ、且ツ教授ノ準備ヲ妨クルコト尠カラサルヘシ。又教員小使等ニ於テ、生徒若クハ父兄ノ贈遺ヲ受クルカ如キハ、是レ亦生徒間ノ感情ヲ害シ、一般就学ノ妨ケト為ル等、教育上弊害尠カラス候条、取締方注意スヘシ。[75]

同じ訓令が、東京府・栃木県から発せられている。栃木県訓令は五月七日付であり、文章の最後が「特ニ公立学校ニ在テハ注意ヲ加ヘ厳重ノ取締ヲ為スヘシ」[76]となっている。東京府のものは五月四日付で、最後は「公立小学校ハ勿論私立小学校ト雖トモ厚ク注意ヲ加ヘ厳重取締ヲ為スヘシ」[77]となっている。さらに岩手県では『岩手学事彙報』明治二十八年五月二十五日、第三六九号に、東京府訓令十号の教員私宅教授禁止令を引用した「自宅教授を全廃せよ」という論が掲載されている。

時間の順序でいえば、東京府―栃木県―大分県となるが、訓令がどういう経緯をたどって出されたのかは不明である。

しかしこの訓令の内容に関していえば、既に詳細に説明する論文が発表されていた。明治二十七年に『下野私立教育会雑誌』に学校衛生の創唱者三島通良が「学校衛生小言」を三回連載し、「小学児童の自宅に於ける稽古と小学教員の自宅に於ける授業（上）（下）」[78]という題で発表している。

その概略を記す。ここでいう小学児童は満六年以上十五年以下の児童である。ところで問題は「本邦児童の体力に比して十有余科の学科と一日平均四時以上六時以下の授業間時《ママ》は決して少きにあらざること」にある。この多数の時間の授業が欧州の児童に比較して劣る体力の日本の児童に大きな影響を与えている。「小学児童の自宅に於ける稽古の減少又は廃止せざる可らざる事は欧州に於ける学校衛生学者前輩諸氏の屢痛論するところ」である。しかるに調査をしてみると「小学児童にして自宅の稽古をなす者は実に百分の七十にして之をなさざる者僅に百分の三十に過ぎず嗚呼何すれぞ自宅の稽古をなす者多きや」と嘆かざるを得ない状態である。しかしその状態も地域によって差異が見られる。「山間僻地の如き、已に通学に多分の時を費し、加ふるに帰宅の後は父兄の業務を幇助し、為に暇を得る事稀にして自習、復習の時を得難きのみならず、又師を得るに難く、学校以外の学業を習修し能はざるに因る」に対して、「都会の地に在りては然らず、校舎は多く自宅に接近し其往復に時を費やす事少く、且つ父兄の業務を助くる等の場合も稀にして、而父兄は専ら自習、復習をすゝめ又学校以外の学業を練習せしめんとする者多く、或は名誉心に追はれ、試験の競争を案し、従ひて自宅の稽古をなす者多し。此一事は其都会の繁華なればなるほど、愈甚しく、特に東京の如きは其最も著しきものと、云はざる」を得ない。こうした状況の中で「男子としては、漢籍、詩文、算数、外国語、之を女子としては、歌、茶、花、管絃、舞踏の如き皆な自宅に於て習修するところ」となるのである。しかし「今日の学課程度は、已に本邦児童の負担し能はざるところなり、今日の修業時間は、児童の耐へ能はざるところ」となっている。この児童の過重負担がすすめば「終に脳神経中枢衰弱症なる疾病に罹りたるものにして、顔面蒼白、皮膚柔軟、骨細く、肉枯れ、食嗜減少して、恰も喪家の犬」のようになるだろうと警告するのである。そして「我邦をして貧且つ弱ならしむるものは、夫れ今日の教育なる乎」と歎かざるを得ない。

一方、教師に眼を向ければ、「目下学校の教員中、児童を自宅に誘ひて、授業する者」が多い。「富貴なる子弟の父母に諛り、有力なる町村の議員に容れられ」ようとして「僅かな父兄に対して、其児女を教養する」というのは誤りで、教育は「実に国家の為に人を作る」のが目的なのである。

また教員が「時に宿題を与へ、諳誦を命」じたりすることも間違いである。真の教育は「其授業に際して、充分に児童の智徳を開発し、此が理解力と記憶力とを誘導して、新陳反復するを以て、自宅に帰りて後は、又た復習するの要なからしめ、専ら活潑なる遊戯を奨励して、疲労したる精神の恢復を期し、新鮮なる精神機能の勃興して、昇校するを俟ち、再び之を教」えていくところにある。したがって宿題や諳誦はこうした活動の障害になるのである。

また教員は、誠心、熱心に授業した後では「普通の体力なる者にありては、決して帰宅の後、復た人の子を教ふるほどの」余裕はないであろう。「教員躬ら過度の授業をなさば、自己の身神を衰弱して、病者となり、終に己の責務を尽す事能はざ」ることになるであろう。こういうことから「自宅に於ける稽古と授業とは、共に其害多くして利少きものなれば、蓋し之を廃」止しなければならないのである。

三島通良は以上のような理由で小学校教員の自宅授業と小学児童の自宅における稽古の廃止を主張するのである。明治二十八年の訓令の意味も三島の意見と重なっている。

しかしこの訓令がどれだけの実効を示したかは明らかではない。教員の自宅授業と児童の自宅稽古は継続されていく。

第六章　新しい塾とその展開

近世の家塾・私塾と種々の点で異なった形態の新しい塾が明治期に生まれる。近世の塾は、漢学、国学、洋学といった学問を教育・研究するものとして存在したが、新塾では学問の教育を主体とするのではなく、塾を主宰する教師との人間的な触れあい、つまり何らかの人格的影響を期待しての、合宿生活が営まれた。したがって、場合によっては小学生から大学生までが塾で生活した。

新塾の教師たちは、中・高等教育機関に勤めており、その意味では近世の家塾に近いものであった。しかし塾では学問の追究が中心になるのではなく、塾生は自らの学ぶ学校に塾から通学して学習するのである。

塾の維持は、塾生の月謝だけでは不足するため、しばしば寄付金を募ることもあった。

こうした新塾の性格をすべての塾が兼備したわけではなく、二、三の項目を含むだけの塾も存在した。

山県悌三郎の塾

具体的に新塾を見よう。管見によれば最初の塾は山県悌三郎の塾である。明治十二（一八七九）年九月、山県は埼玉県立中学師範学校に教諭補として赴任した。「本校は、埼玉県下の中学教員を養成する機関なるが、中学校を附設して、全体を漢学部と英学部に大別し[1]」て運営していた。翌年「県官の子弟にて中学校に入学せる者に、余と起居を与にして、常に教督を受けんことを望む者少からず、依つて学校隣接の地に相川といふ米商の新に建てたるさゝやかなる家を借り、（家賃金三円五拾銭）一同の弁当配達を賄所に受負はせて、始めて借家住居《すまゐ》を試みた。斯くすること二三月、同宿を希望する学生更に三四名を加ふるに至り、玆に始めて調宮祠《つきのみや》旁の閑静なる地に、二階建の美宅を借入れ（家賃金六円）、階上の眺望よき二室を余の居間とし、階下を寄宿生の用に充て、別に其の隣室と台所を、漢学部教員西川某に無料にて提供し、其の妻女に留守居と炊事とを委託して、始めて多年の宿望なる家塾を開いた[2]」のである。

「多年の宿望なる家塾」という表現は、中学師範学校の教師になってから思い付いたのではないことを示している。山県は慶応元（一八六五）年に水口藩藩校翼輪堂に入った。「翼輪堂の所在は、余の家に接近し、儒官中村確堂は叔父であり、兄虎五郎も教職の班に列して『授読』の一人であつたので、余は学校に対して吾家の如き親しみを感じ、朋輩の間に何となく肩身の広いやうな心地がし[3]」ていていた。その後京都に遊学し漢学塾で学んだが、明治三（一八七〇）年藩校の授読副員となっている。こうした山県の教育の原点が、家塾への思いにつながっているのであろう。

この塾に「育英義塾在学時代以来親交渝らざる友人嘉納治五郎の、東京より来訪して一泊せられたるは是の年の暑暇中であった。当時嘉納は東京大学文学部に在りて理財学を修め、旁ら柔術各流の比較研究に熱中して居[4]」たが、後に嘉納塾を開くことになる。

田尻稲次郎の塾

田尻塾は田尻稲次郎（北雷）によって、明治十三年九月、小石川区金富町に設けられた。田尻は京都の薩摩藩士邸に生まれ、父の死後鹿児島で教育を受け、長崎・慶応義塾・大学南校に学び、さらに米国に留学、エール大学で理財学を専攻し、帰朝したのが明治十二年であった。

塾を開いた十三年には大蔵省に出仕する傍ら、専修学校を設立している。多忙の中で塾を開いたのであるが、「邸内に家塾を設け、常に数名の学生を扶養せられ、後進子弟の育成に努めらる。予も亦其の塾生の一人にして、恩庇を蒙むること少々ならず、学資に窮しては、先生に救助を請ひたることも数度に及びたるが、何時も拒絶せらるゝこと[5]」はなかった。また「塾には常に書生の五六人が御厄介になつて居りましたが、塾の見廻りに来られた事等は一度もなく、塾には塾頭の様な人も居らず塾則の様なものもなく、全く放任されて居るかの如き観がありました[6]」という証言もある。「先生は塾生に対して別段講義教訓等を為さるゝ様の事はなかつたが、先生と塾生とは朝夕同一の食堂に於て食事を共にし、談笑の間に指導薫陶を受けることゝなつて居た[7]」。

明治十八年に入塾した大沢由也は「邸内は〔略〕千坪近くもあったが、建物は全体旧式其儘であったが、食堂と先生の書斎とは改造され、椅子テーブル式になって居た。家族は先生等親子四人の外、下婢三人。而して本屋《ほんおく》より拾余間離れた所に五十坪計の塾が一棟新築され、其一部に相当立派な洋式の応接室と寝室が準備されてあった。是は〔略〕全く泊り客の為めに設けられたもので、〔略〕其他塾の大部は六畳・八畳の部屋が七、八ツあって、塾生は食事時にはドラを鳴らされるので本邸へ食いに行くのであった。当時在塾生は、〔略〕五君であった。此内、川上は松方卿の甥であるから学資も食費も先生の厄介にはならぬのであるが、他の四人は全然先生の給費で食費は素より学資も大学生は十五円、其他の学校在学のものは十円を与えられ、然も何等の返済義務を負わないのであるから、是等の書生は先生を救済主として長く感謝奉仕したのである。而して此学生養成法は、曩《さき》に先生が米国にてエール大学教授から此筆法にて給費を受け、深く感激の余り、『自分も同様の書生養成をなすは其恩に酬ゆる途である』として、爾後長く此給費を実行せられ、其沢に浴したものは前後三十余人に達したのである」[8]と記している。田尻の塾の世話は四十余年間継続していった。

坪内逍遥の塾

次は坪内逍遥が明治十七（一八八四）年六月に設けた逍遥塾である。掛川銀行頭取の永富謙八が出費し、本郷区真砂町が住所であった。

明治十七年に逍遥塾に入ったのが長谷川如是閑であった。塾の起源について長谷川は「逍遥先生もまだ大学生のころ、掛川銀行の頭取の永富某から、雄吉というその子供の監督を頼まれたので、小石川に家をもって、その雄吉のほかに二、三の学生を置いたのが塾の起りだった。本郷の家もそのために永富家が建てて坪内先生に提供したのだった[9]」と記している。

「私はまだ数え歳の十歳だったので、そういう塾に収容される歳ではなかったが、特別の関係で坪内逍遥先生の塾に入れられたのだった。当時逍遥先生の著書は、おもに本郷妻恋坂の晩青堂という本屋から出ていたが、その本屋は、私の父の『頭脳』だった例の御家人あがりが、木村という番頭に任せてやっていたもので、私の父はその出資者だった。先生の最初の代表作の『書生気質』は私の入塾したころに出たのだが、その発行人は、私の実兄の山本松之助の名義だった。〔略〕そんな関係から、子供の私は二つ歳上の兄とともに、逍遥塾に収容されたのだった[10]」。塾に入った長谷川は本郷小学校に通学し、「佐野幸吉という受持ちの先生――この先生の下谷御徒町の家に私は毎日学校が終わると予習に通っていたのだった[11]」。その他の塾生たちも、大学や大学予備門、東京英語学校など、それぞれの学校に通学したのである。

書生部屋では先輩から様々な話や有益な「勉強」を教えられ、各自がそれぞれに学んでいった。時には思い思いに撃剣や啞鈴体操などのスポーツをやって運動不足を補っていった。

「逍遥塾における先生と塾生との接触は、ときどき座敷に呼ばれて、先生の水の流れるような弁舌の座談を聞かされることくらいだった。先生の座談は、子供の私でさえ、聞き惚れるような面白さ――といっても、内容の面白さよりはその言葉の味にひきつけられたのだった[12]」。おそらく十歳ほどの子供に大人たちの会話の内容までは充分理解できたとは思えない。

「これらの学生たちの食事は、近所の仕出し屋の請負で、三度三度若い衆がかつぎ込んでいたが、物価騰貴で学生の先生に差し出す塾費では足りないので、先生が補助をしていることがわかって自前になったが、依然先生の補助があるらしかった(13)」。

明治二十年六月、坪内は預っている学生たちが多くなってきたので塾をやめ、塾の建物を売却した。買収したのは旧松山藩主であり、「藩内子弟の東京遊学に便する目的を以て寄宿舎を設備することゝなり、或人の紹介にて坪内氏の此の真砂町の宅を買収し、久松家不用の建物ありしを移して之に建添へ、二十年十一月三十日其の開舎式を行ひし次第であつた。称して常盤会寄宿舎といった(14)」。正岡子規の活躍がここから始まるのである。

嘉納治五郎の塾

こうした塾生の比較的自由な活動に任されていた塾とは異なる塾も出現してくる。嘉納治五郎の嘉納塾である。きわだって組織化整備された塾になっていく。

嘉納は明治十五年二月、下谷北稲荷町の永昌寺に嘉納塾を設けた。講道館設立以前である。「学生時代にすでに、いろいろの人から子どもの世話を頼まれて、自分の下宿に同居させて指導(15)」していたものが人数が増加したためである。時期によって、塾の所在、規模を変えながら発展していった。明治三十年代には嘉納塾のほかに善養塾・成蹊塾・全一塾を開き、嘉納塾は年齢によって成年舎、中年舎、幼年舎の三段階に分けられていた。

塾は大正八（一九一九）年まで続いたが、前後三十七年間にわたった。集まってきた塾生の内容は、「1嘉納の親類の子弟、2嘉納の知人の子弟、3嘉納をたよって来たもの[16]」と、おおよそ三種に分けて考えられるが、親戚の者の入塾は比較的に塾の創設期に多く、知人の子弟の中には、嘉納が学習院の教師をしていた関係から、華族の子弟がかなり含まれ、頼って来た者の中に講道館の関係者も見受けられる。

塾生は小中学校に通学しながら塾生活を送り、二年から六年、稀には十年間も在塾する者もあった。

嘉納は塾の教育の目的について塾生に対して述べている。「塾ハ諸子ノ学問ヲ奨励センガ為ノミニ設ケタルモノニアラズ、学問モ素ヨリ人物ヲ成スニ必要ナルモノナレハ、尚ホ他ニ一層必要ナルモノアリ、此者アル時ハ仮令ヒ学問ハ充分ナラズトモ猶ホ卓越ノ人物タルヲ妨ゲザルモノアリ、何ゾヤ、人ノ良性質是レナリ、抑モ人ノ性質ハ各人生来ノ天賦ト生後ノ教育習慣経歴等ニヨリテ成立シ、又変化サルルモノナレハ、其教育習慣経歴等ヲ善良ナル方向ニ導キ、以テ良好ナル性質即チ卓越セル人物タルニ必要ナル性質ヲ出ス事コソ此塾ノ目的ナレ[17]」と。

塾の規律は嘉納の教育の方針もあって、きわめて厳格であった。明治十九年に制定された「塾内規則書[18]」には、

一、在塾者ハ心身ノ上ニ如何ナル艱苦アルモ之レヲ辞セズ師ヨリ受クル所ノ道ヲ守リ唯命之レ従

ヒ以テ完全ノ人タランコトヲ期セザルベカラザル事

一、在塾者ハ左ノ三道ヲ守リテ片時モ之レニ背ク可カラザル事

第一弟道　弟道トハ師弟ノ道ニシテ師ニ対シテハ恭敬ヲ専ラトシ堅ク自ラ其分ヲ守ルヲ云フ

第二友道　友道トハ同窓学友相互ニ守ルノ道ニシテ異体同心ノ精神ヲ以テ短長相補ヒ苦楽相共ニシ互ニ親和シテ信義ヲ失ハザルヲ云フ

第三我道　我道トハ同窓学友ニアラザル社会一般ノ人ニ対シテ守ルベキ彼我ノ道ヲ云フ

と規定し、次に「在塾者ハ左ノ師命ヲ堅ク相守ルベキ事」として、「晨起就寝之事、本務注意ノ事、相互心得之事、外来人応接之事、役員之事、懲戒之事」の六つを挙げた。このような塾の規則によって、塾の日常生活が営まれていったのであるが、明治三十六（一九〇三）年ごろのものとされる日課は次のようなものであった。(19)

	幼年舎	中成年舎
起床	午前四時四〇分 日曜日ハ五時四〇分 ソレヨリ直ニ洗面室内外ノ掃除ヲシ終リテ 午前六時マデ修学	午前五時 日曜日ハ午前六時 同上
朝飯	午前六時	同上

	ソレヨリ約一時間休憩シ尚通学時間マデ修学	同上
昼飯	正午	同上
	学校ヨリ帰塾ノ後午後四時マデ約一時間修学	午後三時ヨリ四時、同四時半ヨリ五時マデノ内ニ柔道修行及修学
夕飯	午後四時	同上
柔道	午後五時ヨリ六時半マデノ内	
修学	午後六時半ヨリ八時マデ	午後六時半ヨリ九時マデ
就床	午後八時	午後九時

嘉納塾々長　嘉納治五郎
嘉納塾成年舎長　同右
嘉納塾幼年舎兼中年舎長　尾田信忠

早朝の起床であり、柔道を創始した嘉納の塾だけに柔道が日課の中に組みこまれていることに特色があった。「嘉納は塾生活のすべての雑事を塾生自らの手で行なわせた。塾生は起床後、自分の寝床の始末は勿論のこと、塾の内外・庭・門前等を手分けして清掃した。五時には一同道場に出て朝礼。

その後、六時の朝食を告げる鈴が鳴るまでは自習時間だった。午後も、下校して塾に帰った塾生は、輪番で毎日、風呂・ランプ掃除を、日曜日の午前には便所掃除をすることになっていた。なかでも辛いのはランプ掃除で、十数個のランプの、芯を古花鋏で平らに剪ったり、煤けたホヤを磨き上げたりするのは根気がいる仕事であった。当番以外の者は四時の夕食まで自由に遊び、夕食後は全員道場へ出て柔道の稽古をした。幼年舎生は八時までが学習時間で、その後、師に敬礼・就寝という一日であった。〔略〕塾の食事は常に粗末なもので、朝は一汁・漬物、夕は一菜・漬物ときまって居り、魚といっても鰯がつく程度であった。昼の弁当は今日のような弁当箱がなかった時代で、一様に竹の皮包みであった。おかずは煮豆とか油揚げの煮ものなどで、鮭の塩引きの一片でも入っていたら上々であった。また塾内では厳冬季も火鉢などの一切の暖房を許さなかった[20]」。

嘉納塾でも嘉納の多忙さから、塾生の指導は、創設期はともかく、余り多くはなかった。しかし時間が許せば、毎日曜日の早朝には塾生に処身法講義などを行っていた。

休日には塾生たちは舎長に引率されて、近郊・名勝・旧跡などを徒歩で訪ねた。また塾内では塾生の原稿を編集した『気師』がつくられ回覧された。明治二十八(一八九五)年から大正三(一九一四)まで出されていった。

杉浦重剛の称好塾

杉浦重剛によって設けられた称好塾はこうした明治以降に出現した新しい塾の中でも際立った存在

だった。明治十三年五月にイギリス留学から帰国した杉浦は、郷里の先輩から依頼されて、一人の学生を預かったのが称好塾の開始であった。この塾は杉浦の没後も長男真鉄によって引き継がれ、第二次大戦の戦災で消失するまで七十数年存続した。しかも彼の意識の中では「会義社といふものを開き、塾生も十人ばかり集つて来た。確かに明治三年の秋の頃のことであつた。そしてこれが後年に至り称好塾の創つた源とも云ひ得る」[21]と旧藩時代の塾と結合していた。

小石川久堅町の杉浦重剛の居宅を塾とし、明治十六年十二月四日を塾の紀念日とした。杉浦の母の忌日である。当初、尚志社と名づけ社友即ち塾生五名で発足したが、寄宿生が増加したので翌年十一月になって「尚志社ト分離シ寄宿生ノミヲ以テ別ニ一塾ヲ組成シ規約ヲ定メ称好塾ト名ツク是ヨリ純然タル先生ノ家塾トナル」[22]とされている。称好塾となるまでに若干の経緯があったことがうかがえる。「称好塾沿革略及紀事」によって各年の一月一日の塾生数をあげると、十八年二十四、十九年二十七、二十年十九、二十一年三十、二十二年三十八、二十三年三十九となり、塾生は漸増している。

明治二十四（一八九一）年一月は『称好塾報』が発刊される。年二回発行の塾の動静を伝える塾の機関誌である。以後昭和十七（一九四二）年五月の七十七冊まで継続した。

『称好塾報第一冊』には、その他、年中行事を内容とする「称好塾養気暦一覧」「塾友記事」「塾友名簿」「塾外塾友」「醵金記事」などの項目が見られる。

称好塾では塾生を塾友と呼び、塾内生活する者を内塾友、塾外に生活する人々を外塾友といった。明治二十四年の内塾友は四十名、外塾友は八十八名を数える。

杉浦はこれまでに、大学予備門長や文部省の専門学務局次長などの職に就き、明治二十三年には滋賀県選出の衆議院議員になっている。一方私立学校の設立にも関わり、当時は東京英語学校長も兼ねていたから、内塾友にはこうした学校の学生が見受けられる。東京英語学校十一、帝国大学四、東京高等商業学校三、素修学校三、独逸協会学校二が複数で、他は単独で、東京尋常中学校、成城学校、明治法律学校などがある。内塾友の中で英語学校通勤、農商務省在勤と二名の職業人が入っている。

明治二十四年の外塾友は東京ばかりではなく、京都・仙台・山梨などの地域の学生・教員・新聞記者・著述業など様々な職業、住所が記されている。特筆すべきは、米国八名、英国ロンドン一名の住所が載っていることである。

称好塾には塾報以外に『毎週雑誌』が発行されていた。塾報が活版で外塾友などにも配られていたのに対して、毎週雑誌は塾内向けの筆記されたものであった。「毎週雑誌沿革略」(23)には「毎週雑誌が呱々の声を放ちて、塾中に生れ来りしは、実に明治十九年六月廿六日にして、今を去ること十一年の昔にあり。先是平石氏人、新居楠次郎両君雑誌の発行を企て、之を塾生に諮る。塾主謂つて曰く、中途にして廃するなくんば可なり。然らずんば断然止むるに如かずと。二君誓つて其永続を期し、終に前記の日を以て初号を発行するに至れり。而して其規約なるものは頗る簡単にして左の数条に過ぎず。

一本誌は毎土曜日発兌す

一本誌は筆記を以て印刷に代ゆ

一本誌に載する所は称好塾友諸君の所作に限る

一本誌編集局は仮りに第三号第二番教室に置く
一愛読諸君読み了らば抛棄して紛失せしむること勿れ[24]」
という方針で出発し、途中修正をしながら発行されていった。「以来杉浦重剛の逝去の年まで延々三十数年にわたり、中断されることなく連続して発行され[25]」ていった。
塾内で雑誌が発行されることのほかの活動を見ていこう。『称好塾報第二冊』(明治二十四年七月)に塾の内規が設けられた記事がある。

内　規

左の内規を設け四月廿七日より施行す
一門限は日没を以て標準とし時々之を掲示す　但土曜日は午後十時とす
一夜学等にて門限に後るゝものは予め断り置くべし
一許可を得るにあらざれば門限後外出を禁ず
一午後七時以後を修学時間とし他席を侵すことを厳禁す
一晨起は午前六時とし就眠は午後十時とす
以　上

この内規には塾主の評言が添えられている。「今回塾友年長者諸君より、内規を設けんとの議を申込まれたりしが、数年前より此議ありたれども、常に拒絶したるに拘はらず、今回は是認するに至りたれば、諸君必らず実践躬行し、此内規をして死物たらしむること勿れ。元来本塾は可成自由放任の主義を以て、精神上の発達を期するに在りて、特に条文的規則を設けざるも、諸君に於ては、能く其意の在る処を察し、既に其実を挙げ居らるゝ筈なるに、今回の如き条文を設けざる可からざるに至りたるは余の甚だ悲む所なりと雖ども、全く一時の便宜上に止まるものにして、本塾の精神に於ては決して変更したるものにあらざるなり[26]」と、称好塾の精神は自由にあることを強調している。

称好塾での回想にもそのことが現れる。「今から三十年前私の十七八の時から内塾友として約四年の間御世話になつて居ました。三十年前は昔昔昔ですが、其時分の御教訓が今犇々と身に感じられます。元来塾は寄宿舎と違つて居る人達の学校も違つて居ます。八百屋の様に芋も南瓜も一緒でありますす。私はその中何であつたか知りませんが兎も角同じ釜の飯を喰つて居ると精神も何時しか共通になつて来る。私等の最も楽みにしてゐたのは予習復習の後先生の世間話を承ることでこの御話が最も肝に入つている。障子等はめちや〳〵で障子の破れから抜けて往来が出来る様になつてゐました。性質上寄宿舎は縦で塾は横である。寄宿舎は表面的であるから精神的に相倚り合ふ事は少いが、塾生の間には精神的の連絡がある。此は先生の徳の致す処であります[27]」と述べているのは巌谷小波である。

こうした塾生活のなかで、年中行事が定式化していく。称好塾ではこれを養気暦と呼び、塾報の冒頭に掲げられ、その実施の経過は塾報に養気暦記事として発表された。

例えば明治三十三年養気暦は「一月十四日（旧十二月十四日）詣泉岳寺、一二月之交　雪中訪臥竜、二月十一日（紀元節）詣松陰神社、三四月之交　山佐知海佐知、五月十三日　嘗胆臥薪会、五

六月之交　探墓行、九十月之交　栗遠足、十一月三日（天長節）観兵式拝観帰途観農、十一月下旬　楓流会、十二月四日　紀念会、十二月下旬　風流会」[28]となっている。難解な行事を『杉浦重剛先生』によって内容を探ってみよう。

「雪中訪臥竜」は「雪ふれば昼夜を論ぜず江東亀戸天神祠辺の名園に臥竜梅を訪うた。塾にも臥竜なからんやとの意気込である[29]」と解説している。「山佐知」は「山幸であるが、〔略〕先生が勝海舟翁の墓に蕨を供へられて以来、毎年必ず蕨を供へらるるやうになつた。その供へられる蕨は、静岡県の河村忠平氏の例年送る[30]」ものであった。「海佐知」は海幸で、「先生が毎年新暦三月三日、郷里瀬田の蜆を塾友に饗し、其生辰を祝せらるゝに対し、塾友は旧暦三月三日、汐干狩を催ほし、其獲物を以て大に先生の誕辰を寿せんとするのである[31]」。「嘗胆臥薪会」は日清戦争で割譲された中国の遼東半島を露・仏・独国の干渉によって還付せざるを得なくなった事件を銘記するために設けられた。「堀部安兵衛復仇の途次、用ゐたる桝飲の酒を購ひ、塾主塾友相聚り、尤も厳粛に之を酌む[32]」行事であった。「探墓行」は「古賢を尚び遺烈を追ふのは我国古来の風尚である。先生は毎年門下生をして探墓を行はしめ、先賢烈士の多く人の顧みざるものを撰み、或は草堆裏に探らしめ、或は所在の明かならざるものを索めしられ[33]」た。「記念会」は「塾を記念するのみならず、先妣の命日を記念せられる。祖先及び亡友亡塾友の追悼追遠を兼ねられる。又逐年塾の盛大に赴くを喜び、将来益盛運に向ふを希ふなど、記念会は悲喜慶弔交も至り、無限の感激を生じ、社会の先輩の講演に教訓を受け、塾友の余興に嬉笑して[34]」称好塾の結束が強められていった。

こうした塾の存在を支える財源について、塾友が醵金することで塾主の財政的負担を軽減しようとする動きがみられたのは明治二十三年五月であった。その呼び掛けの文章に「塾友中にて自営致し居る候者に於て、責ては当塾の地所家屋に関することなりとも負担致様致し度存候[35]」とある。「方法書」には「一醵出金は一ケ月可成金五拾銭以上と相定め申候[36]」、「醵出金の年限は本年九月より凡そ八ケ年と相定め申候[37]」といった条文が見られる。醵金額は明治二十三年九月一日から二十四年七月十日までで百七十三円、二十四年七月十日から二十五年一月十日まで七十八円、合計二百五十一円となっている。[38]

塾主を塾の中枢にすえて展開する称好塾の活動は小石川の塾において行われた。杉浦重剛を校長にすえた東京英語学校は、私立尋常中学校として日本中学校となり、その位置も半蔵門から淀橋に移転したのは大正五年であった。それにともなって大正七年十二月に淀橋に称好塾が新築された。しかし大正十三年二月十三日称好塾主杉浦重剛は没した。晩年の大正十年から十三年一月までの杉浦が塾生に語った言葉が「杉浦重剛座談録　後編　中野刀水記[39]」として残されている。

関東大震災後の都市計画によって、日本中学は淀橋から世田谷の松原に移転した。昭和十一年四月である。この時称好塾は小石川の茗荷谷に移った。

これより先、称好塾主は長男真鉄が継ぎ、昭和三年八月には財団法人組織の認可を受け、財団法人称好塾自治寮と名称を変更した。その目的とするところは「本法人ハ杉浦重剛先生ノ遺旨ヲ遵奉シテ称好塾ヲ永遠ニ継承シ人材ヲ養スルヲ以テ目的トス」と規定された。塾は小石川表町に昭和十年に移転し、戦災で焼失した。

明治十年代から維持されて来た称好塾はその使命を終えた。

今井恒郎の梧陰塾と日本済美学校

今井恒郎が設けた梧陰塾は、杉浦重剛の称好塾に関わりあいながら展開していったことが一つの特徴であり、もう一つの面は、結果的に日本済美学校という、大正新教育運動の先駆けとなる私立学校を創立することになった点にある。

梧陰塾の始まりについては、梧陰塾に学んだ田辺尚雄が次のように述べている。「私がどうしてこの塾に入ることになったかというに、〔略〕私の父は住友家に勤めていたが、そのころ住友の三羽烏と称されていたのは住友本家の広瀬宰平、別子銅山の伊庭貞剛、住友銀行の田辺貞吉で、住友家はこの三人の大黒柱が支えていたと称されていたのである。この伊庭貞剛氏には立派な三人の男子があったが、その次男の伊庭琢磨君は私と同年輩で仲がよかった。伊庭氏はそのころ滋賀県の石山辺に邸宅を構えて居られたが、今井恒郎先生が東京に出られる前に、滋賀県で塾を開いて居られたとき、伊庭氏は今井先生の高徳を慕ってその息子をこの塾に入れられたのであった。〔略〕私はこの伊庭さんの紹介でこの塾に入ることになったのである」[40]と。開塾の時期については明治三十六年九月「二十日梧陰塾十周年紀念会の招に応じて之に赴くもの二名」[41]という記事がある。ここから考えれば明治二十七年になる。今井は明治二十六年九月から三十年一月まで滋賀県尋常中学校教諭・校長を勤めている[42]からこの間のことである。その後今井は三十年二月から三十二年四月にかけて茨城県尋常中学校長に就いている。この間も梧陰塾との関係は継続していたと思える。

今井恒郎は三重県津市の出身で、小学校卒業後、独学して小学校教員となり、明治十六年四月に東京大学文学部古典講習科漢書課に入学し、二十年七月に卒業している。(43) この科は卒業生を二回出したのみで廃止となっている。(44)「履歴書」によれば、今井はその後、徳島県尋常中学校教諭、第五高等中学校教授などを歴任しているが、明治二十四年八月に第五高等中学校教授の「非職ヲ命」ぜられ、二十六年九月に「依頼免本官」と記されている。その後は明治二十六年九月に滋賀県尋常中学校教諭に任ぜられている。問題は非職となってから依願退職までの二年間である。

明治二十二年頃から、東京英語学校の校長をしていた杉浦重剛の周辺では、私立総合大学を設立する計画が立てられていた。東京法学院・東京医学院・東京文学院の三つの学校を東京学院連合として私立大学を組織化しようとするものであった。こうした趣旨によって、明治二十三年二月に東京文学院が設立された。院長は佐々木高美、教頭が杉浦重剛で、教員の大部分は東京英語学校の教員が兼務した。この学校の東洋倫理の担当の一人が今井恒郎であった。ここから杉浦―今井の関係が出発すると考えてよいだろう。(45) 今井が杉浦の郷里の滋賀県の尋常中学校に赴任する伏線にこの関係がひそんでいたのかも知れない。

今井は中学校に勤める傍ら時々、杉浦重剛の称好塾を訪れていることが『称好塾報』に記録されている。明治二十九年四月二十五日に臨時塾友会が開かれた。杉浦の一週間の関西旅行に関わる慰労会であった。この席に当時出京中の「塾友に非ざる来賓」の一人として今井恒郎が招かれている。[46] ついで、明治三十年二月十一日（紀元節）の松陰神社参詣に今井も参加している。[47] さらに明治三十年九月二十五日塾で中江藤樹先生二百五十年祭を行ったが、今井は外来者として出席し、「宴に移るや今井恒郎君起ちて所感を述べ[48]」ている。また今井は「自明治三十年九月一日至仝三十一年三月五日改築寄付金申込金高及人名報告」の一覧表に「金五拾円　今井恒郎」と名を出している。明治三十一年九月十七日には「塾舎工事も殆んど落成せしに当り、塾と関係を有せらるゝ、中学校長の会議の為めに上京せられしを幸とし、改築に配慮せられたる諸彦及び縁故ある士に新築一覧の傍ら、茶話会を催[49]」したが、今井はその中の一人であった。

この後『称好塾報』の記事は梧陰塾に関係あるものとなる。すなわち「松宮春一郎君は不幸にして令妹を失はれたり。尚梧陰塾に責を負ふことゝなりしより、四月上旬退塾せられたり[50]」と報告されている。松宮春一郎は学習院学生の内塾友であったが、この時点で松宮は称好塾の外塾友となったのである。なぜ松宮が白羽の矢を立てられる形で、称好塾から梧陰塾に転じたのかは不明である。しいて共通する事項をあげれば、今井の本籍地が、三重県津市下部田山上無家であるのに対して、松宮のそれは伊勢国員弁郡丹生川村である。三重県で同郷であることしか分からない。

今井の履歴書に「自明治三十二年四月至同三十九年三月東京牛込ニテ家塾（梧陰塾ト称ス）ヲ開設シ専ラ青年学生ノ精神的指導ヲナス」「自明治三十二年四月至同四十年三月日本済美会（道徳的団体）ヲ組織シ機関雑誌ノ発行及講演会等ニテ社会徳風ノ振起ニ努ム」とあり、明治三十二年四月から梧陰塾は新たな活動を開始するのであるが、その要員の一人に松宮春一郎が抜擢されたのであろう。松宮は学習院の学生のままであった。恐らく塾運営の経験をかわれたのであろう。

明治三十三年四月、大阪の第五中学校（後の天王寺中学）を卒業した田辺尚雄は第一高等学校に入学するために上京した。「一高というのはあこがれの的になっていたので、全国から優秀な学生だけが一高を目差して入学を志願して来るのであるから、その競争は並大抵のことではない[51]」、「そこで私は、充分な力をつける為めに一カ年間特別の準備をしようと考え、まず数学物理学の充分な力をつけるために東京物理学校に入学した。〔略〕この学校には一年間在学して、その翌年に一高に入ったのである。なおこの他に英語の勉強をするために、神田に有名な正則英語学校というのがあったが、私はその夜学部に入って、これも一年つづけた。試験準備の学校はそんなものであったが、その間の生活はどうしていたのかというと、牛込横寺町にあった梧陰塾と称する剣道の塾に入ることになったのである[52]」。

「そのころ塾は三十人余りいた（後に五十人位にも増した）。いずれも十六七歳から二十五六歳位までの健児〔略〕揃いで、毎日頗る愉快な生活を送った。塾生一同の監督には松宮春一郎という当時三十歳位の立派な人物が当っていた。毎日早朝には一同撃剣の道場に行って、一とシキリ撃剣をやり、それから朝食をすませると各自それぞれの仕事に移る。学校に通うもの、仕事に行くもの、それぞれ一々塾長先生にあいさつして出かける[53]」。

こうした塾生の中で、特に受験を控えた学生は配慮されることになる。「私共は初めは他の塾生等と共に母屋にいたが、塾生の中で来春それぞれ専門の学校に入学するために、特に入学試験の準備勉強をする者が十名ほどいたので、この十名を母屋から切り離して別の部屋に移すことになり、まず撃剣道場の二階に移り住むことになった。道場は本家から広い庭を隔てた西の方に建てられた一軒の二階家で、その一階が道場となっていた。しかもこの道場の西隣りは大きな墓地で、つまり道場は墓地の東端に建っていたと言ってよい(54)」。

塾内の受験生に対する対応は一高受験の場合にさらに特別なものとなった。「翌明治三十四年の新春になり、いよいよ今年の春には第一高等学校の入学試験を受けるための決死の勉強をやらなくてはならぬということになったので、一高の試験を受ける五名は、門の隣りにある小さな独立家屋に移ることになった。小さな部屋が三つほどある平家であった。各部屋の天井から四辺の壁まで一面に数学の公式や英語の単語などを紙に書いて貼りつけた。便所の中まで周囲は公式が一ぱい書いてある。昼となく夜となく上下四方いずれを向いても、公式や英語が眼に入るようになっていた。これでは入学試験に数学や英語で、どんな問題が出ても泡を食う心配はない。その上にわれわれは股にキリを刺して、眠気を防いで勉強をした。もうそのころは私達は特別扱いで道場に出る必要もなく、唯一心に試験勉強だけをやっていればよいということになり、塾の中でもこの家だけは全く治外法権の立ち場に置かれた(55)」と一途に受験に向かう学習をしていったことを回想している。

以上が一高受験のために梧陰塾で過ごした田辺尚雄の体験であるが、梧陰塾の記録は、『称好塾報』の中にいくつか見ることができる。

明治三十三年五月十九日に、尚剛館・梧陰塾・称好塾三塾によって、戸山ガ原で剣道の野試合が行われた。「競技の面々、尚剛館生十余名、梧陰塾生二十名」、称好塾の外塾友一名、内塾友二十三名であった。「此日樋口先生より戦勝者には扇子を賜はり、且つ自咏の『世はいかに変りゆくとも迷ふまじ、みがけやみがけ御剣の術』と一々揮毫せられたるもの」であった。[56] 樋口先生とは樋口正之で、尚剛館という剣道場の館主であり、流派は示現流であった。称好塾の撃剣師範でもあった。梧陰塾に道場が存在したことはすでに記した。

『称好塾報』明治三十三年十二月の「塾友動静」に「松宮春一郎君 過般雑誌『学友』の発刊を企てられ、自ら主幹として独力経営に任ぜらる。今や逐号第四号に及ぶ。学生向の好雑誌なり」[57] という文章がある。梧陰塾の雑誌発行も軌道にのりつつあった。

こうした梧陰塾の整備はさらなる展開をみせていく。田辺尚雄が「入塾してから半年くらいのときに、どういうご縁故か、ひとりの甚だ美しい可愛い女の子を養女として迎えられた。そのころ年は十三四歳位だったと思う。〔略〕この嬢ちゃんの将来のお婿さんを定めて、それを養子として今井家の相続人とするというので、いろいろ人選をされたらしいが、〔略〕温厚篤実な君子の浜野政吉君がその選に当って、この嬢ちゃんとの婚約も成立し、浜野君は入籍して今井政吉と称することになったが、美人薄命の諺の通り、結婚前に病死[58]」してしまった。浜野は梧陰塾生であった。しかし、今井恒郎・政吉は協力して新しい教育事業に邁進していくことになる。日本済美学校の設立である。東京府豊多摩郡（杉並区）和田堀内村大字堀ノ内に設けられた。「明治四十年四月東京府知事の認可をえて、日本済美学校という総称の下に、先ず中学校を開設し、次いで四十年三月、文部大臣より中学校令に拠る中学校の認可をえ、同年四月小学部を併置する運びとなつた。敷地も最初纏つて手に入つたのは一万余坪であつたが、将来の計画を見透し、必要な隣接地を逐次買取つて、後には敷地の総坪数が二万七千余坪となつた[59]」。

「日本済美学校設立趣意書」[60]には

本校教育ノ目的ハ教育勅語ノ聖旨ニ基キ、堅実ナル品性ヲ有シ、常識及ヒ技能ニ富メル国家有用ノ材ヲ養成セントスルニ在リ。是ヲ以テ、吾人ハ主トシテ生徒精神ノ涵養ニ重キヲ置キ、体育ヲ勉メ、智育ヲ励ミ、且意ヲ美育ニ致シ、以テ生徒ヲシテ円満ナル人格ヲ修得セシメンコトヲ期ス。

吾人ハ如上ノ方針ヲ実行センガ為メニ、都門紅塵ノ地ヲ避ケ、東京府豊多摩和田堀内村大字堀ノ内（祖師堂近傍）ニ於テ約三万坪ノ清区ヲ購ヒ、以テ本校ノ敷地ニ充テ、既ニ工事ニ着手セルト同時ニ、大要下ニ記スルが如キ方法ヲ採用セントス。

（一）寄宿寮ヲ設ケ、生徒ヲシテ悉ク之ニ入ラシムルコト。

（二）校長教員校内ニ居住シテ日夕生徒ト親和シ、以テ指導教督ノ責ニ任ズルコト。

（三）体育ニ関シテ逐次左ノ如キ設備ヲ為スコト。

規定ノ体操場ノ外、武術道場（撃剣、柔術、弓術）戸外遊戯場（ベースボール、ローン

テニス、フツトボール、相撲等）馬術場、池（操艇及遊泳用氷滑場）

（四）美育及ビ作業ニ関シテ逐次左ノ如キ設備ヲ為スコト。

音楽室、娯楽室、園芸場（花卉、蔬菜栽培、植樹）工芸場（手工建築）動物飼育場（養鶏、養豚、養魚、養蜂、養蚕）

之ヲ要スルニ、自然ト人為トノ手段ニ由リ、生徒ヲシテ市塵ノ外ニ在リテ俗界ノ弊風ニ感染セザラシムルト同時ニ、家庭的及ビ社会的生活ノ状態ニ習ヒ摂生（運動）ヲ勉メ趣味ヲ尊ビ、勤労ヲ重ンズルノ気風ヲ有シ、兼ネテ生産及ビ経済ニ関スル事項ノ概念ヲ得、以テ健全ナル心身ヲ享受シ、「世界的日本国民」タルノ資格ヲ修得セシメンコト、是レ此ノ特殊組織ノ眼目ナリトス。

〔略〕

と述べられており、全生徒の寄宿舎生活と同時に学校に生活する教職員とが一体となって教育＝学習活動にあたるという学校の姿に塾教育の継承をみることができる。そのことは「本校教育の方針」でも強調されている。「一般ノ学術ハ勿論、日常卑近ノ動作ニ至ルマデ勉メテ学校生活内ニ於テ、切実ニ訓練習熟セシム。是レ本校ガ生徒員数ヲ制限シテ三百五十名内外ニ止メ、又一学級ノ生徒数多キモ三十五名以内ニ限リテ懇切鄭寧ニ之ヲ教授スルト共ニ、特ニ皆寄宿制度ヲ採用シ、職員ヲモ悉ク構内ニ居住（目下ハ八名）セシメテ、日夕生徒ニ接近指導セシムル所以ニシテ、又本校ノ設備ガ大ニ他ト趣ヲ異ニスル所[61]」であるとしている。

「本校訓育ノ概況」の中に述べられている日本済美学校の教育の内容についても、当時の日本の教育の全体的な趨勢が、教師が主体となって知識を注入していくことを是とした活動であったことと比較して、生徒の活動を主体にする配慮が見られるのである。

一、修身科ノ教授ニ於テハ、一般的教訓ヲ施スモ、成ルベク実際適切ヲ主トシテ、之ニ学年級相当ノ理論ヲ加味スルコト、シ、又特殊教訓ニ就テハ、土曜日茶話会ノ際、并ニ必要ノ際、随時ニ之ヲ与フルコト、ナセリ。

一、智的学科ニ於テモ、規定ノ授業時間以外ニ、自由ニ質問ヲ許シ、又能力ノ殊ニ劣レルモノニハ特ニ課外教授ヲ施シ、以テ一般生徒ニ伴随セシメンコトヲ期セリ。

一、訓育ニ関シテハ、本校ニ於テハ学校教育ヨリモ、寧ロ寄宿教育ニ重キヲ置キ、寄宿即チ学校トモ見ルベキ姿ナルヲ以テ、世間一般ノ学校ニ於ケルガ如ク、特ニ舎監ナルモノヲ置カズ、校長ヲ始メ凡テノ教員悉ク舎監タリト謂フベシ。サレド其舎監タルヤ、所謂舎監ニアラズシテ、寧ロ生徒ノ師タリ父タリ友タル性質ヲ有シ、教場ニ於ケルト運動場ニ於ケルトニ論ナク常ニ親密ニ生徒ト接シテ之ヲ指導スルト同時ニ、其個々ノ性質ヲ洞察シテ訓育ノ方法ヲ斟酌シテ以テ一般教育ト共ニ個人的教育ノ実ヲ挙ケンコトヲ期セリ。然レドモ又、構内ニ居住セル教員ハ日々交替シテ当直ヲナシ、寮内一般ノ指導監督ニ任ズルコト、ナセリ。

一、各学級ニハ正副組長二名ヲ置キ、其級ノ生徒ヲシテ一週間ヅ、交替シテ之ニ当ラシメ、寄宿寮ニ於テモ亦同様、各室大低《ママ》五人ヲ容ルニ室長一名ヲ置キ、一週間ツヽ交替シテ之ニ当リ、以テ其級其室ノ整理ニツキ、一切ノ責任ヲ負ハシム。是レ他日社会ニ出テヽ、或ハ治者トシ、或ハ被治者トシテ、各々其宜ヲ得シムル素地ヲ養成セシメンガ為ナリ。

一、学科ノ勉強ト運動遊戯トノ限界ヲ明ニシ、大ニ運動ヲ奨励スルト共ニ、自由運動ノ際ハ善意ニ於ケル放任ヲ旨トシ、以テ青年ノ活動力ヲ遺憾ナク発揮セシム。

〔略〕

一、毎土曜日ノ夕ニハ、晩餐会ヲ催シ、教員生徒食事歓娯ヲ共ニシ、此間又食事ノ作法ヲ習ハシム。同夜ハ又茶話会ヲ開キ、生徒ノ行為ニ就テ注意訓誡ヲ施シ、畢リテ教員生徒団欒茶菓ヲ喫シ、談話詩吟等ヲナシ、一夕ノ歓ヲ尽スト共ニ、此裡又社交的常識ノ養成ヲナサシム。

一、毎月一回(休日若クハ其前日午後ヨリ)生徒ヲ外出(保証人宅宛)セシムルモ、其他ハ不得已用事ノ外、一切学校構外ニ出ツルコトヲ許サズ。

一、日曜日又ハ祝日ニハ生徒ヲシテ教員引率ノ下ニ、近傍数里ノ地ニ遠足ヲ試ミシム。(62)

〔略〕

こうした教育の状況は一方で塾の教育と重なり合いながら、他方では自由な教育＝学習を容認する面が見うけられる。明治四十二(一九〇九)年四月二日の『朝日新聞』は、日本済美学校の現状を紹介した後に、「仏国のデイモラン氏は先年英国学風に則つて理想学校をロツセに起し又嘗て独のリイツ博士はヱルゼンベルヒの片田舎に理想的家塾学校を始めた吾輩は今日今井氏に依つて偶此の二氏の所業に髣髴たる計画を示され、実行の第一歩を見せられたのを深く喜ぶ(63)」と記し、取材のなかで、今井から日本済美学校の教育が、フランスのドモランやドイツのリーツの影響を受けて成立したことを示唆している。ヨーロッパの新教育運動に触発されて日本済美学校は創立されたのである。日本で最初の新教育の学校であった。

成蹊園と成蹊実務学校

成蹊園は明治末期に開かれたが、これまでみてきた嘉納塾、称好塾、梧陰塾などと比較すると塾の性格がやや異なっている。嘉納塾が嘉納治五郎、称好塾が杉浦重剛、梧陰塾が今井恒郎という、一人の教師とその人格に密接に関係する塾として存在したのに対して、成蹊園は中村春二という教師が中心となって展開していくものの、その成立・経過をみると中村春二の友人である今村繁三と岩崎小弥太の二人を加えた、三人による協同組織の中心に中村春二の成蹊園が存在するように思われる。もちろん教育の主体として活動したのは中村春二であり、塾生は直接的に中村の薫陶を受けたのだが、成蹊園の組織の存在は、三人の友人達の結束の結果の果実であった。

中村、今村、岩崎の三名は東京高等師範学校付属中学校を明治二十九年に卒業した同級生であった。中村は一高・東京帝大を経て、教育界に入り、曹洞宗第一中学林、曹洞宗大学付属中学校、東洋音楽学校、麹町女学校などで教えることになる。

「理想家であった中村春二は、欧米の新教育思想に深い関心を示し、いつの日か理想の学園をつくってみたいと夢みていた。なかんずくドルトン・プランには興味を感じ、その創始者ヘレン・パーカスト女史を注目していた。春二は当時ドイツに留学中であった中学時代の親友本郷高徳（後、東大教授）等に依頼して、ペスタロッチその他欧米の新教育論に関する著書を送ってもらい熱心に研究をはじめた。春二はこうして、次第に個性尊重をとなえるドルトン・プランやウインネッカ・システムの影響を強く受けるようになった。春二は自から独自のやり方で新教育を実践してみようと思[64]」うようになっていった。

他方、今村繁三は英国に留学し、リース校、ケンブリッジ大学に学んだが、父の没後帰国し、今村銀行頭取に就任した。二十六歳であった。今村は「社会福祉のために何か社会事業を起こそうと考えていたが、苦学生救済のために育英事業を起こすことこそ、もっとも有意義な事業であるとの結論に達した。明治三十八年秋、今村は親友中村春二を高輪田町の私邸に招き、育英事業について相談した。一方、中村は人材育成のために私塾を開設したい希望をのべ、両者の合意により相談がまとまった[65]」。

今村の育英事業計画は明治三十九年一月に公表された。「今村繁三誕生記念奨学金取扱規定[66]」には、

一、明治三十九年一月二十三日ヲ以テ今村繁三第三十回誕辰記念トシテ、金壱万円ヲ別途積立シ奨学基金ト為ス事。

二、記念奨学基金ハ今村銀行ヘ預ケ置キ其利子ヲ以テ奨学資金ニ充ツルモノトス。但、利子ハ当

分一ケ年六分乃チ一ケ月五十円宛ノ収入トス。

三、記念奨学金ノ目的ハ将来有為ノ学生ニシテ学資欠乏ノ為メマサニ廃学セントスルモノニ学資ヲ補助シ成学セシムルニアリ。

四、記念奨学金ノ支途及補助、学生ニ関スル事ハ、其監督一切ヲ中村春二君ニ嘱托ス。

五、記念奨学金ヲ以テ補助スベキ学生ノ資格ハ学績、志操、才力、体育ニ拠リ監督者ノ詮考ニ一任スベシ。

〔略〕

とあり、学資欠乏の学生に一ヵ月に五十円の金額で補助することが可能となった。塾は明治三十九年四月一日に開かれることとなった。「中村は私塾を開設するに当り本郷西片町十番地ホの二十四の自宅をこれに当て、塾の名称を『成蹊園』と定めた。この『成蹊』という名称は、中国の『史記李将伝』にある一句『桃李不言下自成蹊』からとったものである。〔略〕塾生の銓衡に当って中村はきわめて慎重だった。当初五名の塾生の収容が可能だったが、最初に塾長である中村が選抜した塾生は中学生三名だった。この三名は瀬古保次、月江曹元、大塚大であった。別に中村は新潟県下で出合った苦学生大竹憲成に学資を給与し、第七高等学校に進学せしめていたが、大竹も後に塾生に編入された」(67)。

学生を預けられた中村の家族は、春二三十歳、小波夫人二十一歳、長女美佐子二歳の小家族であった。「成蹊園の規定は、朝五時起床、掃除、朝食を共にすごすと、塾生たちはそれぞれの学校へ通学、夕刻六時夕食、学習、夜十時就寝。水曜と土曜の夜茶話会。毎月一回有益な講話というきまりであった。また、間食は一切禁ぜられ、寄席、芝居見物等は一切御法度。スポーツとしてはピンポン、球投げ、角力というさだめであった。西片町の一角には御嶽講の神社があり、毎月二十三日が縁日で、お神楽や馬鹿ばやしがあった。後年、当時の塾生瀬古保次の述懐によれば、『美佐ちゃんをおんぶしてこのお神楽を見にいくのが当時の唯一の娯楽だった』という。またこの縁日では、屋台店で、しんこ細工や飴玉、蜜豆などを売っていたが、これらは禁断の木の実だっただけに魅力的なものだったという(68)」。極めて質実な禁欲的な学生生活であったといえよう。

岩崎小弥太は中学卒業後、一高を経て東京帝国大学に入学したが、退学してイギリスに留学、ケンブリッジ大学を卒業した。明治三十九年に帰国すると、三菱合資会社の副社長に就任した。岩崎は中村の事業に賛同し、今村繁三と同額の一万円を出資することとなった。ここに事業基金は二万円となり、この金を今村銀行に預け、その利子も毎月百四十円となり、奨学資金に充てられた。これによって新たに六人の中学生が入塾することができた。この頃の塾生選抜の基準は次のように規定されている。

塾生選抜規準(69)

一、学資欠乏のために勉学の途を閉されたるものに限り入塾せしむ。

二、但し、第一に品性、第二に学才、第三に身体強健の順により選択す。
三、学業たとえ俊秀なるも品性低きものは採らず。
四、奨学金は、今村、岩崎両君の篤志により塾生に支給されるが、別に返済の規定を設けず、将来何等の制肘束縛を加えず。
五、塾生として好ましからざる行為ありたる場合、又は学業成績思はしからざる者は園主の判断により奨学金の支給を停止し、直ちに退塾せしむ。

給与された奨学金の返済の義務はないが、学業の成果については厳しい配慮が求められている。塾生が十名を超え、手狭になったために、中村春二は父秋香の援助を得つつ塾の移転をはかった。明治四十一年八月、千坪の土地に成蹊園、中村春二宅、父秋香宅が竣工した。場所は六義園に近い、駒込富士町五十五番地であった。

「成蹊園という学生塾において中村春二が行わんとした教育は『生きるということはどういうことか?』を徹底的に青年に自得させることであった。このためには心身の鍛錬こそその基本となると信じ、早朝の駈足、長距離行軍、夜間行軍、深山踏破等の行事を強化し、坐禅、メディテーションを重要な日課とした。そして師弟一如を文字通り実行した。当時の塾の機関誌『成蹊』には塾の申し合せとしての誓約が載っている。なおこの『成蹊』は明治四十一年に創刊されたもので、塾生等が、論文、感想、随筆、紀行、詩、短歌等を筆でつづり、製本したものであり、表紙の絵は中村春二、三宅克己、大下藤次郎等の肉筆によるものであった。成蹊園における勉学の方針は、あくまで自研自習を主体とするもので、精神面の錬磨は塾生同志の磨き合いを主眼としてした(70)」。

こうした塾生活を通して培われる学生達には、或る種の魅力がそなわっていった。今村繁三は当時の資産家が行っていた園遊会を催すことがあったが、明治四十二年十一月十四日に高輪田町の今村邸での園遊会に、成蹊園の塾生全員も招待された。この時の塾生たちの態度に多くの人が関心を持ち、その中から自分の子弟も成蹊園に入塾させたいという希望が寄せられるようになった。最初は今村繁三夫人を通してのものだった。富裕な階層の子弟に塾を開放することは「学資欠乏のために勉学の途を閉されたものに限り入塾」することが可能であるという原則と矛盾する。しかし中村春二は岩崎小弥太とはかってこの要望を認めることとした。そのために成蹊園規約が改訂された。

改訂成蹊園規約(71)（明治四十三年十月）

成蹊園塾生を正員、別員、客員の三部に分つ。正員は常時在塾し、奨学金を受くるものとす。別員は常時在塾せず、奨学金のみを受くるものとす。客員は客分として在塾するものにして奨学金を支給せず実費を徴収するものとする。

この後客員として入塾する華族の子弟が見られることになる。

中村春二は絵を画くことが好きであり、また画家の三宅克己は、時々成蹊園を訪れ、茶話会で話をしたり、絵画の指導などをしていた。塾生の宮島文雄は画家大下藤次郎の甥で、三宅の推薦で入塾しているようなつながりがあった。明治四十四年に三宅は成蹊園の別員として画学生数名を採用することを中村春治に進言した。中村は今村、岩崎の同意を得、基金を増額して四名の画学生を別員として採用することになった。[72]奨学金は月に一名宛十円であった。

相田寅彦（後、直彦と改名）会津出身（光風会会員）
中村　彝　　水戸出身（白馬会会員）
近藤芳男　　美校在学中
坪井玄治　　〃
中原悌二郎（近藤芳男の死去により大正六年より八年まで）

かれらは美術界で活躍していった。

明治四十年の秋、岩崎小弥太は成蹊園とは別に菱友会という学生塾をつくった。塾長は三土忠造で、三菱関係の人材育成を目的としていた。塾は明治四十一年春に開かれ本郷千駄木町にあった。中村春二はブレインの一人であった。そういう経過から成蹊園と菱友会は緊密な関係を保つことが確認された。

その後成蹊園と菱友会は親睦を深め、合同の茶話会や親睦会を定期的に開くようになっていった。「三土忠造によって最初に塾生として選抜されたのは、三土と同郷の香川県出身の帝大生南原繁（後、東大総長、日本学士院院長）であった。ついで片山八老（高商生）、中島登喜治、岩田宏等の一高生が入塾し、成蹊園より高商生大塚大が転籍し入塾した。菱友会開設当初の塾生はこの四名で、寮の世話役は南原繁であった[73]」。

岩崎小弥太は菱友会学生の成績と人物が良好であることに満足し、奨学金以外に月額百円の書籍購入費を特別に支出することにした。明治四十三年に三土忠造は中村春二と協議して、成蹊園の塾生の中から菱友会会員の資格を与える者を決め、かれらにも特別費が支給されるようになった。明治四十四年に菱友会は学生塾としての組織を拡大し、人材を広く求め、会員制組織に改組していった。

学生塾を運営するうちに、中村春二のなかに学校を設立して、自己の考える教育を展開してみたいという意欲が燃えはじめていた。明治四十三年一月父秋香が死去したことで、中村は三十数万円の遺産を相続することとなった。中村はこの遺産を学校設立のための基金にすることを決意する。今村と岩崎も中村の決断に賛意を表した。

明治四十四年夏、池袋駅の西、豊島師範学校の近隣に五百坪の土地を購入して、成蹊園の移築を計画、十月末には塾生全員が池袋に移転した。移転後の状況は「成蹊園の概況[74]」によって知られる。

成蹊園の概況（明治四十四年十二月）

所在地　東京府下池袋一二〇一番地

家　屋　駒込富士前町より移築した学生寮一棟と、岩崎男爵の寄附により駿河台の岩崎邸から移築した図書館一棟（中村春二の家族は当初この図書館二階に起居す）

敷　地　五百坪（借地）
備考。借地代（坪二銭五厘）毎月二十円五十銭、但し、畑作物料毎月約八円を含む。

塾　生　正員　帝大生　四名
一高生　二名
高商生　一名
中学生　十名
別員　七名
客員　四名
総数　二十八名

明治四十四年の末には、これらの塾生に対する奨学基金は四万円と倍額となり、利子も毎月三百円となった。

一方、中村春二の学校建築の歩みは進捗し、明治四十四年十二月には成蹊園の土地に隣接する借地二千坪が得られ、学校の建築が着手されていった。このために今村と岩崎は五万円ずつ計十万円を学校の基金として贈った。

明治四十五年三月には新校舎も落成し、成蹊実務学校と名づけられ、各種学校として発足することとなる。

開校するにあたって、明治四十四年九月に「成蹊実務学校設立趣意書」が書かれた。

私立成蹊実務学校創立趣意書[75]

翻って社会の現状を観察するに、生存競争の漸く激甚を極むると共に、貧富の懸隔漸くその度を加へ、自暴自棄の徒日に多く、怨嗟、望怨の声日に高まり、以て危険思想の横溢を見るに至れり。所謂慈善事業はこの窮状を寛和するに効少からざるべしと雖も、根本的救済は決して所謂慈善事業の力にのみ俟つべきものにあらず。社会の多数に勤勉力行の貴むべきことを知らしむると共に、その家を支へ身を立つべき実力を与ふるにあらずんば、一時的の救済は畢竟徒為に帰すべきのみ。然るに斯る覚悟と斯る実力とは何によりて与へらるべきか。他になし、之、教育に在るのみ。

今般私立成蹊実務学校を開設する趣旨は実はここにあり。

設立の目的

一、成蹊実務学校の設立の目的は現今教育の欠陥を救ふためにあり。

二、社会の中流に立ちて諸般の実務に当り、よく国家の中堅となり、向上の精神に富み奮斗《ママ》自研、他日高等教育を受けたる者と比肩しうる人材を育成する。

三、中流以下の恵まれざる家庭の子弟に修学の途を開き、成功の鍵を握らしむ。

四、生徒の定員を限定し、少数制を採り、懇切に教授薫陶して各人天賦の能力を充分発揮せしめ、教育の力を充分示す。
五、師弟間の情誼を厚くし、教育の効果を高揚せしむ。
六、着実、勤勉力行の貴むべきことを知らしめ、家を支へ、国を支ふる実力を与う。
七、堅固なる品性、意志の鍛錬、注意力の涵養に重きをおく。
八、生徒は全員校内に寄宿せしめ、教育の全責任を学校当局が負ふ。

明治四十四年九月

賛助員　男爵　岩崎小弥太
賛助員　　　　今村繁三
設立者　　　　中村春二

成蹊実務学校も、中村春二を中心に、今村繁三と岩崎小弥太が脇侍として存在していた。「成蹊実務学校の特色(76)」として、次のことが謳われていた。

一、無月謝、教科書貸与
　修学の費用は只筆墨費のみ。制服、靴などは不要
二、定員一級二十名
　少数学級制を採り、美しき昔の師弟関係を再現せしむ
三、秀才抜擢

俊才を集め、短日月に多くの修得をなさしむ

四、活きた学問の指導

実務的の学科を最も実際的に援け、進取向上の精神に富みたる役に立つ人をつくる

五、道徳の実践躬行

精神教育を施し、人格の陶冶を行う

備考一、学期末及び、学年試験は行わず受持教員の考にて、試問の上進級せしむ。但し、特に成績の秀づる者は随時進級せしむ。

備考二、服装は綿服に小倉袴、所定の制帽を用ふること。

入学志望者は百七十一名であったが、書類選考で残った者は六十八名であった。この中から一年及び二年の生徒が四十二名選ばれた。

こうして着々と新学校開校に向けての歩みが頓挫を余儀なくされる。三月二十八日の夜半、隣接する豊島師範学校の寄宿舎から出火し、成蹊園の建物を除いて、成蹊実務学校は焼失してしまった。直ちに仮校舎が再建され四月二日の私立成蹊実務学校の入学式が行なわれたのである。

明治十年代以降、中等、高等教育に携わる教師たちが設けた塾は、共通点はもちながらも、個性的な塾として存在していた。やがて明治三十年代に入り、世界的に新しい教育思潮が唱えられ、実践されると、その波は日本にも及んで来た。その結果として梧陰塾から日本済美学校が、成蹊園から成蹊

実務学校が新しい装いをこらした学校として登場することとなった。この二つの学校は明治期に設けられた新教育の学校として、教育史に位置づけられている。

大正期以降、新教育の学校が設立されていく。成城小学校、自由学園、明星学園、池袋児童の村小学校、帝国小学校、玉川学園などである。教育の歴史の中で大正新教育運動と呼ばれる。この胎動の時期に学生塾が存在していたことを銘記しておくべきであろう。

第七章　塾の変化と受験塾

塾は主宰者の意志によってその存否が決定される。したがって学校教育のように截然と時期区分を設定することはできない。その変化は漠然としたものとならざるを得ない。しかし、塾の変化の徴候がある時期に集中することがあるとすれば、その時点が塾の歴史の一つの屈折点であると考えてよいであろう。

漢学塾の衰退

いくつかの例を挙げてみよう。最初は漢学塾に関するものである。明治三十二（一八九九）年二月七日勅令第二十八号によって中学校令が定められた。それまでの尋常中学校と比較して異なる点は多くあるが、中学校令が制定されることで、漢学塾として展開してきた「二松学舎もまた新制度に対処する必要があった。しかも、再び思わぬことが起った。すなわち三十三年十二月に、文部省は高等教育会議を開き、師範学校中学校令の改正案を提出し、従来の国語漢文科を改めて国語科となし、国語科名の下に漢文を教授せんことを諮問し、同会議は師範学校に限り漢文科名を残し、中学校には原案通りこれを可決したのである」[1]。漢文科名存続のための運動が行われたが、「しかし、この結果は決して芳しいものではなかった。すなわち、三十四年三月五日、文部省令第三号をもって中学校令施行規則が定められ、その第三条に、

国語及漢文ハ現時ノ国文ヲ主トシ講読セシメ、進ミテハ近古ノ国文ニ及ホシ、又実用簡易ナル文ヲ作ラシメ文法ノ大要、国文学史ノ一斑ヲ授ケ、又平易ナル漢文ヲ講読セシメ且習字ヲ授クヘシ、

と改められたのである。したがって、同年四月からの入学者は二松学舎が漢文を主にする塾であったがために再び減少し、何かと改革する必要に迫られた」[2]と『二松学舎百年史』は述べている。漢文科が中学校の教科から消えたことで、漢学塾の入学者の数が減少し、制度の改革が漢学塾に影響していることを伝えている。

同書では「一方、この高等教育会議の決定によって、全国の漢学塾はさらに大きな変動があったと思われる。すなわち、後に本学の名誉学長となった那智佐伝の『漢学塾菁々学舎』の経営について、〔三島──筆者注〕中洲はその請われるままに三十三年十二月二十七日付の書簡で、つぎのように伝えているのもその一例であろう。

中学校追々出来候上ハ私塾ハ難続、因ニ貴兄ニモ文部之検定試験ヲ受置、中学ニ奉職旁ゝ来学之生徒ヲ教ルカ上策と存候（那智家蔵）[3]」と勧めている。

中学校の制度が整備されれば、私塾は存続が困難となるであろうから、文部省の試験に合格して教員になるのが上等の策であろうと推論しているのである。教育制度の充実によって、私塾が存亡の危

機に陥るであろうと一歩をすすめた論を展開するのである。

「三十四年からの入学者の減少は、さきの師範学校中学校令の改正によるものであるが、しかし、この一事に責任があるわけではない。すなわち、日清戦争の勝利も数年を経ることによって、西洋思想による個人主義傾向がようやく著しく発達し、西洋の学問は益々盛んとなり、西洋の文化が国民の間に浸透していったことをも見逃すことはできない。文学創作活動にしても西洋文学が翻訳され、その影響は著しいものがあった(4)」と『二松学舎百年史』は分析するのである。日本文化の大きな推移が漢学の衰退の原由であると論断するのである。

漢学塾は明治期を通して衰退していった。幕末の京都で優良な塾として表彰されたのは、講習堂と古義堂であった。

御触頭書天保十三年十月十六日
堀川下立売上町伊藤寿賀蔵、同通二条下町松永臨次郎両人儀、代々浪人ニ而儒業相立候付、居宅無役地ニ被二成下一、年々銀拾五枚宛被レ下候旨被二仰渡一。(5)

と、宅地は無税、年銀十五枚の賞典を与えられていた。

明治に入って、明治二十二年に「廃校届を提出し、講習堂は寛永十四年創立以来、二百五十二年で閉じられた(6)」。他方、「明治三十八年まで古義堂の開講が継続されてゐたことを明かにすることが出来る。仁斎の三十五歳から数へても開講実に二百四十四年間（但し重光上京、宮内省の属官時代十八年間は休講）の記録であ」った。しかし明治二十八年古義堂再開後の入門者数は二十八年二十九人、二十九年十六人、三十年六人、三十一年二人、三十二年二人、三十三年二人、三十四年一人、三十六年一人、三十八年三人と寥々たるものであった。ここで日本の漢学塾の象徴ともいうべき二つの塾が消滅していったのである。(7)(8)

高等学校進学資格の制限

次は、高等学校の受験に関するものである。明治三十一年四月六日に山川均は姉宛に「……先般一応申上置候通り、本年高等学校の試験、試みに相受く可き考にて英語専門の学校等へも参り居候処、今度、尋常中学校卒業者の外受験相許さざることと相成、就ては何んでも中学卒業を相待つの外無之、失望致候、明治義会試験相すみ候、本年期より、同校余りに馬鹿らしく候間他の尋常中学校に転ずる心算に御座候」と手紙を認めている。当時山川の考えていたのは「いちおうは高等中学―大学というコース」であった。(9)(10)

明治二十七年に高等中学校は高等学校になっていたが、山川の手紙にある問題は、尋常中学校の卒業生以外は高等学校に入ることが難しくなったことにあった。明治三十一年、『官公私立尋常中学校ノ卒業生ニシテ高等学校ニ入学ヲ志願スル者、募集予定人員ニ超過セサルトキハ、無試験入学ヲ許可』し、選抜試験は『超過スルトキ』だけに限ること、および尋常中学校卒業者以外のものの入学は、尋常中学校卒業の志願者が予定人員にみたないときにのみ行なうことが文部省より指示され、翌三十二年には、これにもとづく新しい『入学規則』が定められた。〔略〕尋常中学校以外の学校、つまり各種予備校からの進学の道は、明治三〇年代の初めには、制度的にもまた実際にも、ほとんど閉ざされてしまった[11]」のである。制度に関わりなく学力を充実させ、試験に合格して進学する道はほとんど断たれてしまったのである。

井口喜源治と研成義塾

さらに、明治三十一年十一月に開設された長野県の安曇野の井口喜源治による研成義塾についてふれよう。井口は小学校教員をしながら、この地で活動を始めた禁酒会の会員となり、芸妓置屋設置への反対運動などに深く関わっていた。この禁酒会は夜学の学習会を開催するなどの多面的な活動を行っていた。一方、「校長をはじめとし、学校及び村内の芸妓設置賛成者、キリスト教反対者等から望月直弥とともに排斥を受け、十月二十五日、五ケ村組合立豊科組合高等小学校へ（月俸十六円）転ずることを求められる。望月は退職を命ぜられる。十一月七日、転任を拒否、退職し相馬愛蔵等禁酒会員や臼井喜代、相馬安兵衛（愛蔵兄）の助力を得て、小学校尋常科卒業以上の子弟を集め、矢原耕地集会所に研成義塾を設立開校[12]」していった。

井口喜源治は塾を創始した当時の人々の期待について、「小生の友人及一部義俠なる臼井喜代、相馬安兵衛等の人々、小生に勧めて今日の文部省直轄以外に於て理想的の小村塾的教育を施さば如何とのことなりしかば、小生は之を喜びて[13]」行ったと述べている。

開塾時の生徒数は十二名で、ささやかな塾の出発であった。しかし「理想的の小村塾的教育」を実現するためには克服すべき障害が次々と襲ってきた。「発足まもない研成義塾に対する反対派の動きはなおも執拗で、明治三三（一九〇〇）年四月の新学期には、約半数の生徒が脱塾していった。また、借屋住居のために、授業は村の集会のときを避けなければならない。反対派は頻繁に集会を企てた。時間の不足は井口の自宅において夜学でおぎなわれた。さらに、私立学校令公布（明治三二年八月三日）によって、研成義塾が同令に抵触するかも知れないという疑懼もあった(14)」。

ちなみに「私立学校令」には「第一条　私立学校ハ別段ノ規定アル場合ヲ除ク外地方長官ノ監督ニ属ス」、「私立学校ヲ設立セントスル者ハ監督官庁ノ認可ヲ受クヘシ」となっている。

研成義塾は新校舎を、東穂高村字三枚橋千八百番地に建設し、私立学校にすることとした。三十四年一月一日新校舎は落成し、新年式をここで挙げることができた。私立学校の認可は四月二十九日であった。

三十四年一月、「研成義塾設立趣意書」が書かれている。

研成義塾設立趣意書(15)

多数の同志者の熱愛によりて研成義塾成れり。抑も吾塾は如何なる目的を以て生れたるか、曰く文明風村塾的の真教育を施さんが為めなり、蓋し官公立学校には官公立学校の特色あり、村塾には村塾の異彩あり、吾人方今の教育界に於ける光景を察してかゝる村塾的教育の貢献少なからざるべきを確信す。即ち左に期《ママ》図数条を述べて聊か立脚点を明かにすると云爾。

その後に六つの塾教育のスローガンを掲げ説明を加えている。スローガンは「一、吾塾は家庭的ならんことを期す」「二、吾塾は感化を永遠に期す」「三、吾塾は天賦の特性を発達せしめんことを期す」「四、吾塾は宗派の如何に干渉せず」「五、吾塾は新旧思想の調和を期す」「六、吾塾は社会との連絡に注意す」というものであった。塾の精神を宣言したものであったといえるであろう。最後に「主唱者」として、臼井喜代、相馬安兵衛、井口喜源治の三名の名が記されている。

こうして研成義塾の平坦とはいいかねる新たな歩みが踏み出された。そして昭和七（一九三二）年十一月井口喜源治が中風に倒れるまで塾の教育は続けられていった。昭和十三年三月廃校届が出され、認可された。この年七月に井口喜源治は静かに人生の舞台から去っていった。

ここでは井口喜源治の生涯が焦点なのではない。村塾として成立を計った研成義塾が私立学校令制定の影響を受けて、私立学校になっていった経過が問題なのである。

以上三つの例を挙げ、明治三十年代初頭の中学校、高等学校、私立学校などが整備されていくにつれて、塾やその周辺の学校が、その機能を削減せざるを得ない状況に追いこまれていった状況をみてきた。

法令の面でいえば、明治三十二年に中等学校関係の法令の改正、公布があり、その年の二月に中学校令、高等女学校令、実業学校令が出され、同年八月には私立学校令が公布された。

こうした、塾のような教育機関を排除しながら、教育制度の法的整備は、学校教育制度をより単純化し、中等教育の課程を経なければ高等教育を享受できないという楷梯的な制度を確立することでもあった。いいかえればエリートを養成するコースの整備が進行したということになる。中等教育の中でも中学校への入学はそうした資格を獲得できる第一のステップと考えられていった。

中学校入学志願者の増加——明治三十年代後半

群馬県の沼田町での経験を生方敏郎は次のように述べている。「明治三十年頃から全国に亙り中等教育の大拡張が図られた。一県一中学位だつた地方に、五つも六つも中学が新設された。初め分校を作り追々それを独立させた。中学校は出来たが入学志願者が無いので、私の郡などでは郡長さんが厄鬼と成り、町村長を督励し入学志望者を得べく中産階級の父兄に向つて勧誘せしめた。一年級二年級三年級、何の級へでも志す通りに、簡単なる入学試験に依つて入ることが出来た。私は二年の試験を受けていきなり二年へ入学した。おまけに一ケ月二十銭づゝの奨学金《スカラシツプ》が郡役所から出た。私達は打揃つて毎月二十銭宛受取る為めに、郡役所の門を潜つた。全く大正の今日に及んで中学入学難など来らんとは当時何人も夢想した者はなかつた(16)」としているが、これは群馬県の地方で見られた現象にすぎなかった。

「全国的な視野でみると、〔略〕官公立中学校の入学者数は、一八九九年の一万九千人から一九〇二年の二万四千人、一九〇八年の二万六千人へと、学校数の増加につれて、約一〇年間に一・四倍に伸びているが、入学志願者も、三万二千人（一八九九年）、四万二千人（一九〇二年）、五万九千人（一九〇八年）と、定員増を上回る勢いで、増加している。すなわち、中学校の増加は、広く潜在していた中学校への進学期待を顕在化させる機能を果したようで、募集生徒数の増加にもかかわらず、明治三十年代の後半から四十年代にかけて、入試倍率は、一・七倍から二・三倍へと高まっている(17)」のである。このことは入学試験の競争が激化していくことを意味している。

教育制度の整備がはかられる中で、文部省は、明治三十三年八月の小学校令の改正をうけて、「小学校令施行規則」を制定した。その二十三条に「各学年ノ課程ノ修了若ハ全教科ノ卒業ヲ認ムルニハ別ニ試験ヲ用フルコトナク児童平素ノ成績ヲ考査シテ之ヲ定ムヘシ」と規定された。このことと関連して、明治三十三年の文部省訓令には「心身ノ発育未タ十分ナラサル児童ヲシテ競争心ニ駆ラレ試験前一時ニ過度ノ勉強ヲ為シ是カ為ニ往々其ノ心身ノ発育ヲ害スルノミナラス試験ノ為ニ勉強スルノ陋習ヲ馴致スルヲ避ケンカ為」にとあり、試験から「平素ノ成績ヲ考査」する方式に転換したのであった。

塾に通う小学生たち

中学校が多数設立され、入学試験の競争が激化していくなかで、小学校は試験の制度がなくなっていく過程で、小学校の内外で受験についての対応が配慮されていくようになる。もちろん受験対策は明治三十年代に入ってから初めて見られるものではなくそれ以前から存在した。

東京の下谷高等小学校の生徒だった石井満吉（柏亭）は「小学の三年を出るとすれば、試験を受けて中学の二年へ入ることも出来ようと、私達は英語と数学との試験準備をしたのである。英語は下谷学校のつい近くにある東日館という私塾に、代数幾何は川口先生の私宅で教わった。東日館へは下谷小学校の始業以前即ち七時半から行った。この塾主はたしか小島という老人で、その湯呑から呑む番茶の滴のついた口髭を動かしながら明治初年流の怪しげな発音に、『事程左様に』式の訳読を教えてくれた。〔略〕川口先生の方へは学校の放課後一旦家へ帰ってから四時半頃に行った[18]」。「そういう風に準備をした癖に、どうしてか試験に尻込みするようになった北林と同じ行動を取って、私は試験を受けずに共立の一年に入学した。それは二十七年の四月五日で私は十三歳になっていた[19]」と共立中学入学までの準備について語っている。

明治三十年代半ばの時である。山口県都濃郡徳山村で、高橋亀吉は「商人になってひとつ身を立てようと考え、下関の甲種商業学校入学を志すようになった。〔略〕私は一年おくれて小学にはいっている。このおくれを取り戻そうとして、高等小学四年卒業をまたず、三年から入学したいと考え、三年生のときに、先生に頼んで四年の全学科を勉強するため、夜間や日曜に先生の私宅に通ったのである。理科のように実験を必要とする科目は、先生の宿直の晩に学校に通って教えてもらった。〔略〕同時にまた、英語の夜学校に通って、一年ばかりのうちに、辞書を引いて読む程度のことを学[20]」びとっていった。

京都の錦林小学校に学んだ桑原武夫は、五年生の時の担任だった小島平吉の塾について述べている。小島は明治三十二年から大正八年まで錦林小学校の教頭をつとめていた。京都師範卒業後、漢文・物理・化学などの中等教員検定試験に合格していた有能な教師でもあった。

「先生のいちばん古い弟子としては、田岡嶺雲の遺児で、いま国際法の権威、田岡良一博士がある。家庭の事情で、田岡さんは小島家に一時あずけられていたこともあるらしい。おそらくそのころ、明治の末期から先生は自宅に私塾を開いておられた。先生の家は、日本映画界の開拓者の一人、日活の社長、横田永之助の宏壮な邸宅（いまの三高会館）の隣にあった。横田家の借家である。紅殻格子、京風片側住まいの薄暗い家であった。晩めしをすまして集まってくる塾生には、内藤湖南、足立文太郎、藤井乙男、難波正などといった京都大学の有名教授の子供が多かった。私がどういうきっかけでこの塾に入ったのか、記憶がない。〔略〕ともかく、中学受験が問題になる六年級になってからのことである。先生は数学を得意とせられ、ほかの学科も見ていただいたと思うが、もっぱら数学をきたえられた。応用問題の解き口の見つけ方などの発想は、みごとというほかはなかった。私は学科のなかではもともと算数が得意だったが、小島塾へかよいだしてから躍進したように記憶する。受験のころには、おおよその試験問題は満点をとる自信ができていた」[21]と桑原は回想している。しかし、桑原の受験勉強はこれだけでは終わらなかった。「私は〔略〕小島塾へ通って、数学はほぼ安心だったが、父はそれでも不安をもち、十二月から、やや泥縄的だが、国語の勉強に別の塾に通わせることにした。その先生というのが、当の一中の国語担当の中島義一教諭であったから、これはいささか疑惑をまねくおそれもありえたわけだが、まだのんきな時勢である。批判もおこらず、父の弟子で一中の先生をしていた人の紹介で通いだした。〔略〕教え方は熱心で、作文、とくに候文は目に見えて進歩したように思われる(22)」と、二人目の先生について述べている。

受験に関わる塾が増えていったことも事実だが、受験とは無関係に塾通いする場合もあった。明治三十九（一九〇六）年に神戸の諏訪山尋常小学校に入学した松本重治は「週に二、三回、授業が終ったあと英語に漢学、そして書道などを習った。小学校二、三年のころだ。いまの子供たちなら普通のことだろうが、明治の四十年代だけに〝塾通い〟のハシリだったかもしれない。英語は、自宅から一丁半ほど離れた『深沢英語塾』に、姉の朝子と通った。先生は二十七、八歳で、アメリカ人との混血女性だという話であった。生徒は私たちを含めて十人もいただろうか。英語の歌から覚えて会話へ。発音に力を入れてもらったが、上達したかどうか記憶にないのに、姉の朝子よりよくできた事だけは覚えている。〔略〕漢学と書道の先生は、八木という名前で、南画家のおじいさんだった。確か英語を習うより早く小学校二、三年のときに八木先生の所に通っていたと思う。お習字では大きな字を書くのが好きで、半紙に縦三字で二行書く練習に励んだ。三、四年生のころには『詩書《ママ》』の素読、また六年生のころに『詩経』の抜粋、さらに神戸一中のときには『十八史略』まで読み進んだように思う。〔略〕これらの〝習い事〟は、留学経験を持ち漢学好きの父親、杢蔵の勧めであった。同じ神戸に住む私の伯父・松方幸次郎の子供たちが漢学を習っていた事もあり、父には『重治にも』という思いがあったのではなかろうか(23)」と小学校時代の塾での学習を述べている。しかし受験になると、さらに塾に通うことになる。「一中の受験状況をみると、神戸小学校高等科（勉学期間・計八年）からの入学組が目立った。つまり彼らは私より二年年長で、体が大きく実力も違ったわけだ。加えて入試が難問だった。算術には自身《ママ》があったが、苦手は国語の作文。〔略〕受験のため下山手、県庁の横にあった小さな塾に通って国語の作文だけの特訓を受けた。小谷、今西という先生であったと思う。『作文克服』の勉強が幸いした。本番の試験では、得意だったはずの算術を間違え、逆に国語は八十六点、一中では一科目でも七十点を下回ると不合格になった。算術は、その七十点ちょうどで滑り込んだ。競争率は約三倍。合格者百三十人中で私は六十番目ぐらいの成績だったような気がする。明治四十五年春、私は神戸一中に入学した(24)」。受験のための学習に効果があったのである。

中学受験準備のための補習教育

明治三十九年に浅草に生まれた寺村紘二は小学校「四年になって漢文を習いに行かされた。うちの西の方の家の二階で先生が教えていた。〔略〕前三郎という方で、何でも一高（旧制）の生徒さんだったらしい(25)」。「中絶していた漢文の稽古が、五年になって始まった。新富町の布富《ふとみ》先生のところへ習いに行く。学校の帰りに隔日に通った。〔略〕狭い路地を通って先生の家へ着く。先生は漢文だけでなく、学習塾のように普通の勉強もみておられた。私は漢文だけ。白いあごひげをたくわえた老先生。よほどの歳と見えた(26)」。こうした学習の中に受験準備の教育が始まるのである。

「入試の競争は当時も勿論あった。〔略〕府立中学では六倍から十倍の競争率である。府立三中は六倍、一中は十倍位だった。何しろ人口二百万の東京旧市内十五区の中に、東京府立中学（旧制）は一、三、四、五の四校しかなく、しかも募集人員は少ない。三中の大正八年度の募集は百六十人であった。但し、進学率は二割位だったろう。しかし募集人員の絶対数が少ないのではげしい競争であった(27)」。こうした受験者数と募集人員のアンバランスが、受験競争を呼び起こし、合格者数を増加させるために、学校全体で、受験準備のための補習教育が行われるようになっていく。

寺村の通う東京下町の福井小学校も例外ではなかった。「受験準備は六年になると始まる。二学期からますます強化された。十月頃から朝、始業前三十分、放課後一時間、準備教育を担任の先生がしてくれた。自分の教室で公然と行われた。区の学務課の禁止令はなかったのだ。教材は各科の問題集である。読方、算術、歴史、地理、理科の五科目。前年度までは読方、算術だけの入試科目が、大正八年度から地、歴、理と加わって五科目となる。この事が判明したのが九月頃で、さすがにショックを受けた。急に三科目も増した。これは大変だと思った。追加科目の問題集は、すばやく各社から刊行されたのだろう。十月の準備教育には五科目揃えて入手できた(28)」。しかし学校で行なわれる準備教育=補習教育では不充分と考えた彼はさらに塾に通うことになる。「受験準備を学校でしてくれる頃になって、並行して夜は塾に通う。布富先生の漢文の勉強は取り止めとなった。近所の先生の塾である。先生のお名前は忘れた。毎晩かよった。先生は物理学校のご卒業の方で、片足をけがで亡くされて義足をつけておいでだった。〔略〕一般の下級生もいたし受験するらしい子もいたが、特別に受験組とは分けられずに一緒に勉強した。大体、問題を練習する。先生から渡された読方、算術の問題集について解答をみてもらう。時々テストもある。黒板に先生が書いたテストの問題の解答を提出し翌日返してもらい、批評を受けるのである。こういう授業であった[29]」。漢学塾の学習を中止し受験のための塾の勉強に転換させていった。

以上、神戸と東京下町での漢学や英語の学習が、受験準備のために中断され、受験を目的とする塾での学習に移行していく様子が伝えられている。こうした様相は都会の中で広がりをみせていくことになる。

しかし都市の小学生と比較して、地方の補習教育には、余裕が見受けられる。明治四十年に小学校に入学した岡潔は、六年生の時大阪から和歌山県伊都郡紀見村の小学校へ転校した。「当時、柱本尋常小学校では、中学へ進もうという子が二人おり、それに『うちの子もいっしょに勉強させてやってくれ』というのが一人いたので、三人といっしょに放課後、校長から算術と国語を中心に特別に教えてもらっていました。国語は書き取りは自分でやり、文章の意味や読み方を主にやっていました。私は算術はできるに決まっていると思っているし、字の意味の方もすらすらわかるものだから、この補習はほとんど身を入れてやらなかったのはもちろん、聞いてもいなかった。そんなわけで時間をもて余していました[30]」と述べている。

また大正六年に小学校を卒業した信州の飯田育ちの原弘は「最終年の先生を除いては、特別な記憶がない。最後のA先生を覚えているのは、中学に入学するための補習教育を受けたからである。仲のいい同級生三人と、先生のお宅におうかがいしたのは、わずか一学期間だったが、楽しい一学期だった。今とちがって、中学入学の心配はなかったし、勉学もそれほど真剣ではなかった。あとで考えてみると、先生はご新婚時代だったのである。ぼくたちは奥さんのおもてなしを受けて、無遠慮におしるこをなんばいもおかわりをした。またそんな話を大声で話しながら帰る夜道が、なんともいえない楽しみだった。先生への親しみと、ぼくら四人の友情は、ますます深いものになっていった(31)」。

ここには都会地の受験準備教育の激しさは見受けられない。比較的平穏な様子がうかがえる。しかし、全国的な状況から見ても、中等学校への入学難は明らかであった。入学希望者数に対して、中学校側の収容人数の絶対数が不足しているのである。その上、受験生は名のある学校を目指す傾向が強いから、いわゆる有名校の競争倍率は高まっていく。

地方自治体の対応

東京府では大正五(一九一六)年二月二日、入試準備教育が激化していく状況に対して訓令を発している。

中等学校ノ入学受験等ニ関スル件

近年中等学校ノ入学試験ニ際シ其ノ志願ノ過多ナルガ為其ノ受験者ノ優劣ヲ点検セントシテ往々過度ノ問題ヲ課シ又ハ過分ノ成績ヲ求メ為ニ一般ノ競争ヲ益激甚ナラシムルノ傾アルハ憂慮ニ堪ヘザルナリ。又卒業ノ際勉メテ多クノ上級学校入学者ヲ得テ一校ノ名誉ヲ張ラントシ且在学生徒児童目下ノ急ニ同情スルノ余リ強テ之ガ準備教育ヲ施シ為ニ心身ニ不慮ノ障害ヲ来スハ特ニ遺憾トスル所ナリ。

且尋常小学校卒業児童ノ進ムベキ最適切ナル上級学校ノ選択ハ小学校長ノ指導ニ待ツトコロ多シトス。宜シク高等普通教育ノミニ偏セズ平素実業諸学校ニ就キ特ニ意ヲ用ヒテ之ヲ参観知悉シ其特徴ト活用ノ方途ヲ充分ニ体得シ実業諸学校ノ職員ニ於テモ亦常ニ小学校ト密接ナル連絡ヲ保チ其ノ長所内容ヲ紹介スル方法ヲ講ジ以テ各児童ノ個性及其ノ家庭ニ最適応セル指導ヲ与ヘラルベシ(32)。

こうした受験準備教育の過熱状態に対しては他の府県からも沈静化の要望が出される。例えば、大正十二年十二月二十八日の静岡県知事訓令には

近来、本県中等学校入学志願者ノ激増ニ伴ヒ学校ノ増設及学級増加ヲ行ヒツツアルモ、多数ノ志願者ニ対シ其ノ目的ヲ達セシムルコト能ハズ。随テ入学競争激甚トナリ受験準備ノ為特別ノ教育モ行ハレ、為ニ児童心身ノ健全ナル発達ヲ害シ国民教育ノ目的ヲ達成スル上ニ支障尠カラズ。依テ爾今小学校ニ於テハ受験準備ノ為特別ノ学級ヲ編成シ時間割ヲ変更シ又ハ別ニ時間ヲ設ケテ特別ノ教育ヲナスコト、並ニ小学校長及教員ハ私宅ニ於テ受験準備ノ為教授ヲナスコトヲ禁止ス。コレ小学校令ノ趣旨ヲ徹底セシメ、時弊ヲ匡正スルニ極メテ重要ナル事項ナルヲ以テ之ガ励行ニ努メ違背スルコトナカルベシ(33)。

しかし、こうした訓令が出され、入学試験の準備教育に対して注意を喚起しても、その根本問題が解決されない限り問題は存続する。根本問題とは、学校を建設して中学校入学志願者を可能な限り収容することである。政府にも地方自治体にも、この時期、この問題を解決するだけの財政的余裕はなかった。したがって、中等学校の受験準備教育は昭和期に入っても継続していくことになる。

昭和十年前後の受験準備教育

昭和十年四月、東京の池袋第五小学校に転入学した安田武は受験準備教育について次のように語っている。「池袋第五小学校は、その頃、高田第五とか本郷の誠之といった小学校と並んで、当今ふうにいう受験名門校で、西巣鴨の伯父の家から『越境入学』をしたわけだ。〔略〕受験戦争は現在のように全国的ではなかったが、都会地の一部では、あの頃すでに激烈をきわめ、文部省がたびたび通達を出して、受験のための『居残り授業』を禁止していた。にもかかわらず、私たち六年生は、日の暮れ方、裏門からこっそり抜け出すように下校するのが、いつものことだった。体操の時間と称して、ドッジボールをやったり、図画の時間に、学校近辺のスケッチに出掛けたりしたが、それ以外は、算術、読方、理科、地理、歴史、要するに、上級校の受験科目だけの答案を書かされる。それが日々の『授業』だった。担任教師は、このための答案を作り、ガリ版で刷り、そして採点しなければならぬから、その間を、体操とか図画とかの時間として、私たちの息抜きかたがた、勝手に遊ばせてくれたわけである。毎日行われる、この五科目答案で、平均点九十八点などという連中が、頭の方にズラリ並んでいたのだから、私の十九番は、蓋し当然のこととせねばならなかったろう[34]」。しかし受験生活は学校の中だけではなかった。「日曜日ごとに、誘い合わせ、確か青山の青年館、あるいは日比谷公会堂だったと思う——で行われる模擬試験を受けに出掛けた。ここでの試験の最上位を、前述した高田第五や誠之と争っていたので、順位が落ちると、担任教師から、文字どおり叱咤鞭撻され[35]」た。一週間全体が受験準備の日々であった。

兵庫県の甲子園の近くの鳴尾村の小学校に通った佐藤愛子は「女学校の入学試験を受けなければならぬ時が次第に近づいてきた。担任の先生は躍起になって私たちに勉強を強いた。昭和十年頃のその時代でも(中学校女学校の進学志望者は少ないままに学校の数もまた少なかったから)今ほどでないにしてもやはり入学難はあった。当時の文部省の意向で、進学のために家庭教師についたり、学校で居残り勉強をすることが禁止されていたが、私の担任の先生はそれを無視して私たちに居残り勉強をさせた。放課後の教室で、中が見えぬように廊下側の窓のそばに机を積み上げ、運動場側の窓にはカーテンを引いて、薄暗い中での勉強だった。当然、帰宅時間は遅くなる。勉強嫌いの私がそれを耐え難いものに思ったことはいうまでもない[36]」。しかしこの秘密が教頭に露呈してしまう。帰りがけに教頭に出合った佐藤が白状したためである。居残り勉強は違反故、絶対他言するなと担任教師から口止めされていた。「苦々しげに、にくらしそうに私を見た先生の顔を私は忘れない。先生は『嘘も方便』という諺を使ってお説教を垂れた。こういうのは正直を通り越して『バカ』がつく、といわれた。私は先生に幻滅した。いやしくも先生たる者が、嘘をつくことを教えるとは何ごとか、といいたかった。

先生は居残りの勉強を強いて、それを私たちのためだといっている。だが本当は先生はただ、自分の教師としての成績を上げたいだけではないのか、などと子供心に思ったものである。しかしその年、私の組は進学希望者全員が第一志望校に入学出来たのである。それは先生の熱意のたまものだった。隣の組の担任は暢気な先生で、私たちはその組の生徒を羨んだものだったが、そこでは受験生の殆どが失敗した。私のような勉強嫌いが入学出来たのは先生のおかげである。私はそう思い、感謝しながら、しかしついにその先生に親しむことが出来なかった」[37]。禁止されていた居残り学習を担任教師は独断で強行していたのであった。

受験のための教師宅での教授は岡山県の山村にも及んでいた。岡山県の北部の中国山脈の山峡の湯本小学校の安藤正は昭和六年、小学校六年であった。「その年の秋になって両親も来春の中学校への受験を心配して校長の松田先生に相談の結果、学校の宿直室に寝起きしている若い本名先生に勉強を見てもらう事になった。〔略〕当時中学校、女学校への受験のための勉強がどの程度のものであったか詳しくは知らないが、特に受験のための勉強というものは、湯本の小学校ではやっていなかったし、近くの町の小学校でも、恐らくは特定の授業はやっていなかったようです。一月になってから私は毎朝雪の中を六時頃起き出て、未だ村の人々が寝ている頃を学校の宿直室の本名先生の所に通った。服についた雪をバタバタと払っていると、部屋で目覚し時計のベルが鳴って先生の起きられるのを待って部屋に入れてもらい、ぬるい炬燵の上で、歴史・国語・算数・理科等の復習をしてもらった。当時、本名先生は二十四、五才で湯本から一里半離れている二川という部落の出身の先生であったが、割合度の強い眼鏡をかけておられたが大変さっぱりとした気持の良い先生で[38]」あったと記している。

私塾での受験準備の禁止

昭和十年前後の三つの小学校での受験準備教育の例をみてきた。突出しているのは、やはり東京であった。こうした状況に対して、昭和八年十月十八日に東京府学務部長は通牒を出している。

入学試験準備教育取締ニ関スル件依命通牒[39]

中等学校入学試験準備教育ノ取締ニ関シテハ昭和四年一月文部省普通学務局長通牒大正五年二月東京府訓令等ヲ以テ学校当事者ノ注意ヲ喚起シタル所ナルニ近事其ノ弊ノ益々著シキヲ加ヘツ、アルヤノ情勢ヲ見ルハ甚タ遺憾ナリ抑々入学準備教育ノ弊害多々ナリト雖モ其ノ最モ甚タシキハ学問即入学試験準備タルノ見謬ヲ助長スルコト根本トシ次ニ過度ノ勉学ヲ強メテ児童心身ノ発達ヲ阻害スルコト及知識教科ヲ偏重シテ国民的志操ノ啓培ヲ等閑ニシ以テ小学校教育本来ノ任務ヲ謬ル点ニ存ス故ニ今後一層中等学校入学試験ノ方法ヲ改善シ一面小学校ニ於ケル準備教育ノ取締ヲ厳ニシテ小学校教育ノ本旨達成ニ遺憾ナキヲ期シ度ニ付小学校長ニ於テハ部下職員ヲ督励シテ入学試験準備ニ関スル限リ左記各項ヲ厳守スル様致度此旨貴部内小学校長ヘ篤ト御示達相成度

記

一、学校休業日及規定時間外ニ於テ教授及復習ヲナサザルコト

一、各教科目ノ規定教授時間数ヲ変更セザルコト
一、教材ノ進度ヲ極端ニ変更セザルコト
一、教員ハ私宅教授ヲナサヾルコト
一、入学試験準備ヲ目的トスル私塾ニ類スルモノ及模擬試験等ニ児童ヲ出席セシメサルコト
追テ入学試験ノ方法ニ関シテハ中等学校長ヲシテ一層改善セシムル筈ニツキ申添候

ここに新たに受験準備教育の禁止項目に加わったのが、「私塾ニ類スルモノ」と「模擬試験」への出席であった。受験準備のための塾については、すでに大正期初頭に、神戸や東京の浅草に存在していたことを見てきた。昭和八年の東京府の通牒に「私塾ニ類スルモノ」が挙げられていることは、東京府に多くなってきたことを表すものであろう。多数の塾が存在したはずであるが、その記録となると極めて少ない。

受験塾——時習塾と受験学習会

浅草で明治四十五年に開かれた時習塾は『浅草私塾記』に記録されているが、小説の体裁をとっている。しかし塾を開いた島本龍太郎が「おくがき」の中で「塾の記録を残して置いて貰いたいという塾長の希望を尤もだと思って、私は門弟、中村利之君に相談した。同君は『それは面白い、私に任せて下さい、やってみましょう』と即時に承諾され、同君は令妹望月久子夫人に相談され、安川茂雄氏

にその執筆を依頼されたのである。中村氏はその資料を得るため、東奔西走、幾度か会合を重ね、照会に及び、その資料は、実に汗牛充棟のたとえにも比すべき尨大なものとなった。自らは安川氏と共に保田へ赴き、鎌倉を訪ね、寸毫も事実と異ならざるものをと念願されたものである(40)」と保証の言を述べている。ちなみに巻末には島本自身の肖像写真がのせてある。

島本龍太郎は小学校教師として浅草尋常小学校に勤務していたが、校内の紛糾が原因で免職となった。島本はずっと六年生の担任で受験指導には定評があった。そうしたことから父母たちの懇請によって浅草の馬道の文具店の二階を教室にして、受験の勉強会が開かれた。明治四十四(一九一一)年二月であった。生徒は十人程であり、午後二時頃から、二、三時間の学習が、六年生を対象にして行われた。生徒は浅草尋常小学校の在学生であった。

翌四十五年三月、浅草の猿若町の借家に塾は移転した。府立三中や開成中学などへの合格者があり、塾の成果が認められていった。

この塾は時習塾と名づけられたが、島本が浅草小学校在職時代に、千葉の保田で行った夏休み中の合宿に生徒たちが命名したものであった。また一方では島本が卒業した豊橋の時習館中学の意味も含まれていた。

大正三(一九一四)年には生徒の数も増え、塾の増築も行っている。そして「時習塾の評判が界隈の父兄たちに宣伝されると、浅草学校以外からも生徒が入って来て、富士、山谷堀、待乳山、田原町などの小学校からも進学準備のために上級生が姿をみせた。それでもやはり、人数の上では浅草学校が圧倒的に多[41]」かった。

時習塾の特色の一つは夏季学校にある。時習塾の夏季学校は大正二年から開始された。七月下旬から八月中旬にかけて、塾の卒業生たちの力を借りながら行う、水泳訓練を中心とした合宿である。綿密な計画のもとで展開される合宿訓練は、都会の中で成育した生徒たちの身体的、精神的な脆弱さの補強に大いに役立つと考えられ、鎌倉や館山に場所を換えたこともあったが、保田を中軸に行われていった。

時習塾の「学力向上のための指導は、猛烈を極めたようです。当時の塾生だった元東京都議会議長の故建部順氏や文芸春秋元社長の故沢村三木男氏によれば、受験を控えた六年生などは、夜七時から夜中の十二時、一時まで、徹底的に鍛えられたといいます。その甲斐あってかどうか、当時の東京では最高とされていた男子中学の府立三中（今の両国高校）や府立第一高女（今の白鷗高校）に、塾生を毎年ほとんど落とさずに大量合格させることができるようになりました。これが自ずと実績となり、評判を呼んで、時習塾はやがて門前市をなす状態になったものと思われます[42]」と述べているのは二代目の塾長島本正である。

もう一つの受験塾の例は、受験学習会である。塾の主宰者、早船ちよは蒲田（現、大田区小林町）の自宅で、文芸活動をしながら子供たちを教えていた。少ない資料からは塾を開く契機は明確ではない。ただ夫の井野川潔が昭和初期新興教育運動に携わり、二度検挙された経験があることなどが関係しているのかも知れない。

戦争が厳しさを増してくる中で、「わたしは、それまで十年あまりも自宅で、受験学習塾を経営して、子どもをおしえていた。幼稚園からはじまって、小学生・中学生（五年制）の受験競争は、四十年後の今日とくらべても相当きびしいものだった。英・数・国漢・理科・地歴を学ぶために、数十人の子どもが通ってくる。そこへ、少年航空兵の試験をうけたくて、大阪から家出をしてきた少年もまじっていた。彼と仲よしの朝鮮人の少年は、民族差別のため、中学受験におとされていた。その朝鮮人の彼は、さめた目でファシズム下の日本を見ており、『ねえ、先生。たとい時代がどのように移り変わろうと、科学をしっかり学んでいけば生きていかれますよ、ね』と、敗戦を見とおしているように、いった。ほかに、三十五歳すぎの三菱重工で働いているおじさんが『ケガキ（鉄板に製図）するのに、おら、三角を知らんから教えてくれ』と入門してきた。また、おなじ軍需工場の保険事務の十九歳の女の子が、防空頭巾・もんぺ姿で多摩川べりの寮から夜道を通ってくる。彼女は、『数学って面白いですね』といい、しかし、ときには『どうして、わたしは数学をやらずにいられないのか』と、自問するのだった。片岡智恵子というその名を、いまも、わたしは忘れない。街のクリーニング屋のおばさんも、『何か勉強せにゃ』と、ノートをかかえてくるのだった。灯火管制の暗い電灯のもとに頭を寄せあって、代数の問題を考えたり、古典の『万葉集』や『梁塵秘抄』を、声をだしてゆっくりと読む。ひたむきに学ぶその姿は、戦争に対する無言の抵抗のようにも考えられた」[43]と早船は述べている。受験目的の学習ばかりでなく、さまざまな学習の欲求を満たすために、多様な人々が集まってきていたのであった。

やがて敗戦が目前に迫り、日本はアメリカ軍の爆撃にさらされていた。「警戒警報が闇空に鳴りひびくと、生徒らは怯えて、からだを固くして身がまえた。ふつう、学校では警報下には帰宅させていた。塾では、『空襲がこないうちに、気をつけて帰りなさいね』といっても、『ううん』と首をふったまま、みんな勉強をつづけるのだった」と警報下でも勉学をしていた様子を伝えている。「わが家は、京浜工業地帯の蒲田にあり、目蒲線の道塚駅のすぐそばだった。空襲必至の地区であり、区役所から強制疎開をいってきた(44)」。こうした状況の中での学習であった。

時習塾も空襲が切迫する中で変化を見せた。「昭和十九年七月ついにサイパン島が米軍に奪取された。この島を基地とすると米軍機による本土空襲は必至の状況となり、八月には学童疎開が実施せられた。三年生から六年生までの上級生が対象である。すでに一般市民の疎開が励行されつつあったが、疎開すべき地方や故郷をもたない多数の下町の人びとのために任意の学童を小学校単位で集団的に疎開せしめたのである。浅草区内の学童は東北地方に疎開することになった。〔略〕塾の生徒のなかには、すでに強制疎開のために家屋を壊されて地方へ疎開した家庭も多かった。〔略〕同じことが時習塾にもいえる。八月初旬に区内小学校の上級生の大半が東北に集団疎開で出発すると、教場には空いた机がやたらと目だ(45)」った。そうした教室に疎開をしなかった生徒が現れると島本は授業を始めた。空襲とその合間に学習を続けようとする生徒の身の危険の板ばさみにあった島本は、学習塾を離れることにした。教え子の紹介で、十二月から横浜の造船所の寄宿舎の舎監になった。五月になって造船所も空襲をうけ、寄宿舎も焼失してしまった。島本夫妻は娘夫婦のいる信州に疎開せざるを得なかった。穂高村の納屋を借りて住まい、敗戦の放送をそこで聞いた。学習塾も生徒もそこにはなかった。

敗戦の年、昭和二十（一九四五）年の冬、筆者は受験生であった。栃木県の山間の真名子国民学校でも受験のための補習教育が行われた。六年生の男女数名が対象であった。学科の補習が中心であった。このこととは別に、町の中学校に通う上級生が、入学試験の形式である口頭試問の例題を解説した参考書（パンフレット）を購入してくれ、読んだ記憶がある。

敗戦後に生まれた学習塾

敗戦後、アメリカ占領軍と、昭和二十二年から実施された新制中学校での英語教育の影響から、各地に英語塾が開かれていった。そのほかソロバン塾や書道塾に通う生徒の姿も見受けられるようになっていった。そうした風潮の中で学習塾も設けられていく。

島本正は「私が父から時習塾を引き継いだのは、敗戦による混迷が続いていた昭和二十五年のことです。疎開先から、まだ焼け跡の残る浅草へぽつぽつ戻って来た家族のお子さんたちが相手でしたから、およそゼロからの再スタートと言ってもよいほどでした。父からの引き継ぎ財産というものは何ひとつ見当たりませんでしたけれども、〝世間の信用〟だけは消えずに残っていました。その、いわば〝無形相続遺産〟とでも言うべきもののおかげでしょうか。花川戸二丁目の路地裏で始めたときには塾生十六人だったのが、一年後には百二十人ぐらいとなり、その後さらに増え続けていきました。

花川戸の塾舎には一年で塾生が入り切らなくなったため、翌年寿塾舎を造り、その四年後には、塾生の父母だった聖天町の皮革問屋の新家屋二階を借用して教室を開きました。それはちょうど、戦後の日本が、朝鮮戦争を間に挟んで加速度的に復興していくのと軌を一にしているようなものでした」と当時の状況を述べている。戦後の経済的復興が、学習への欲求を喚起し、高校への進学率を急速に押し上げていった。塾への要求もそうした受験への加熱が後押ししていったのであろう。

次に見る文章は、年紀の入らぬ記録なので、曖昧な点があるが、前後の関係から昭和二十年代後半のものであろう。「妻は珠算一級の腕前を活かして珠算塾を始めることにした。それによって生計の一助にしようという彼女の発案である。私は不本意ながらこれに同意した。まずは義母の弟（妻の叔父に当たる）が、村で桶屋をしているのを幸いに、用具を依頼した。幅四十センチ、長さ二メートル程の座り机を六脚作って貰った。これを六畳間に並べて勉強台にした。私はチラシ広告をお手製で作り、藁半紙に毛筆で『珠算塾開設』と書いた物を二、三十枚近所の電柱に貼り出した。ところが予想に反して思い掛けない反響があった。即日生徒が十人程集まったのである。中学生が三人、小学生が三年生以上八人である。その後も口コミで次第に増えて、三十人以上になり、上級、下級に分けて二部授業にしなければ座敷に座り切れないという活況を呈した。さらに私が自分の仕事であるガリ版のないときは、国語や算数等学校の勉強も見てやることにしていたが、これがまた好評で、うちの子も私の子もという訳で珠算塾だか学習塾だかわからないようになってしまった。最盛期は五、六十人にも達した程で、二部授業どころか三部授業をするという状況であった。〔略〕授業料は格安で、両方教えても珠算塾の料金のみしかもらわなかった。その理由は珠算塾は表看板であり、学習を見るのは私のサービスであったからである。もう一つの理由は学習を見るのは全員ではなく、特に親から依頼された、いわば学校の成績の思わしくない子に限ったからでもあった。亀有という下町特有の気安さが、親たちや子供たちにも受け入れられた最大の原因であろう。現今の進学塾や予備校のハシリと言えなくもない(47)」。

戦後、多くの都市が戦災のために、学校の建物を失い、物資や食糧が欠乏するなかで、教育の復興をはからなければならなかった。文部省は戦前の中央集権的機構を改革して、地方分権的な教育行政に移行することを迫られていた。戦後社会の混迷の中で、教育もその方向をつかみかねていた。

そうした混乱の中で、確実に学習できる場が求められていたし、学習の意欲を子どもたちは保有していた。塾という手軽な学習の場が設定されていくことは、従来の塾の歴史をみれば、比較的容易なことであった。

しかし、激動する歴史の中で、塾の存在も旧来の塾とは異なったありようを模索し続けなくてはならなくなる。戦後の塾の歴史は極めて重く日本の教育の将来にのしかかって来るのである。

注

はじめに

（1）深谷昌志「学習塾と学校」（稲村博・小川捷之編『塾』〈シリーズ・現代の子どもを考える〉⑦、共立出版、昭和五十七年三月）三一～三二頁

（2）同右、三二頁

第一章　塾の胎動

（1）小高敏郎『松永貞徳の研究』（至文堂、昭和二十八年十一月）。『新訂松永貞徳の研究』（臨川書店、昭和六十三年十月）二〇二～二〇三頁。

なお本書では、引用にあたって漢字は常用漢字および人名用漢字にある通用字体とし、いわゆる旧字体は用いなかった。また原文の振り仮名は適宜付し、原則として割愛した。割注も小さな字とし、一行にあらためた。

第二章　家塾の拡がり

（1）加太邦憲『自歴譜』（岩波文庫、昭和五十七年八月）三二頁

（2）同右、三一頁

(3) 同右、三一～三二頁
(4) 同右、四二頁
(5) 同右、四三～四四頁
(6) 杉浦重剛「旧藩時代の教育」(明治教育史教育会編集『杉浦重剛全集』第六巻、杉浦重剛全集刊行会、昭和五十八年二月)七四〇～七四五頁。門下生松宮春一郎が筆記したものである。
(7) 同右、七五〇頁
(8) 同右、七六三頁
(9) 同右、七六三頁
(10)『愛媛県教育史』第一巻(愛媛県教育センター、昭和四十六年三月)二五八頁
(11) 同右、二五八～二五九頁
(12) 同右、二五九頁

第三章　中津藩の家塾と私塾

(1) 広池千九郎編述『中津歴史』下(明治二十四年十二月初版。昭和五十一年四月復刻、防長史料出版社)一〇七～一〇八頁
(2) 文部省編『日本教育史資料』三(臨川書店、昭和四十五年二月)七五頁
(3) 前掲『中津歴史』下、一〇八頁
(4) 大分県教育会編『大分県人物志』(歴史図書社、昭和五十一年二月)二四五頁

(5) 黒屋直房『中津藩史』(碧雲荘、昭和十五年十一月)五八五頁
(6) 前掲『大分県人物志』二四四頁
(7) 広瀬淡窓「懐旧楼筆記」(日田郡教育会編輯『淡窓全集』上巻、大正十四年十二月。昭和四十六年二月復刻、思文閣)一四二頁
(8) 広瀬淡窓「淡窓日記」(日田郡教育会編輯『淡窓全集』中巻、大正十五年十一月。昭和四十六年二月復刻、思文閣)六五頁
(9) 前掲「懐旧楼筆記」二五六頁
(10) 「入門簿」(日田郡教育会編輯『淡窓全集』下巻、昭和二年一月。昭和四十六年二月復刻、思文閣)一一頁
(11) 前掲「懐旧楼筆記」二〇三～二〇四頁
(12) 『青木周蔵自伝』(平凡社東洋文庫、昭和四十五年八月)六頁
(13) 同右、五頁
(14) 第四章七一頁以下参照。
(15) 前掲『青木周蔵自伝』六頁
(16) 同右、六頁
(17) 渡辺重石丸『鶯栖園遺稿』未定稿。宇都宮市、渡辺重宣氏蔵。句読点は筆者。
(18) 同右
(19) 前掲『中津歴史』下、一三一～一三二頁
(20) 同右、一三五頁

(21) 同右、一三五頁
(22) 前掲『鶯栖園遺稿』
(23) 「真城先生詩集」(『大分県史料』二三、昭和三十六年三月)九六頁
(24) 同右、一一二頁
(25) 小野精一『野本白岩遺芳』(香下経三、大正十二年七月)二三〇頁
(26) 前掲『鶯栖園遺稿』。以下、三五頁までの引用文はすべて『鶯栖園遺稿』からである。
(27) 前掲『大分県人物志』には「業成り、書を載せて藩に帰るや、出で丶教職に就かず」(三三七頁)とあり、『照山白石先生遺稿』(昭和五年)には「直ちに教職に復し」とある。のちにふれる御固番事件の原因となった、白石への城門警固の命令は教職についていなかったためであろう。白石の塾は私塾であった。家塾になるのは明治二年である。
(28) 福沢諭吉「福翁自伝」(『福沢諭吉全集』第七巻、岩波書店、昭和四十五年四月)一二頁
(29) 同右、一九〜二〇頁
(30) 前掲『中津歴史』下、一三三頁
(31) 前掲『大分県人物志』三三七頁
(32) 『中津市史』(中津市史刊行会、昭和四十年五月)七五三〜七五四頁
(33) 『北海部郡教育史』(大分県北海部郡教育会、昭和七年六月。昭和五十七年十月復刻、第一書房)一四〇頁
(34) 杉浦重剛「知己八賢」(前掲『杉浦重剛全集』第六巻)六五一〜六五二頁

(35) 前掲『鶯栖園遺稿』。以下、本頁の引用文はすべて『鶯栖園遺稿』からである。
(36) 福沢諭吉「旧藩情」(前掲『福沢諭吉全集』第七巻)二七四頁
(37) 前掲『鶯栖園遺稿』
(38) 福沢諭吉「履歴書」(『福沢諭吉全集』第二〇巻、岩波書店、昭和四十六年五月)二五八頁。福沢諭吉「詩集」序文(前掲『福沢諭吉全集』第二〇巻)四二五頁
(39) 前掲『鶯栖園遺稿』
(40) 同右
(41) 同右
(42) 福沢諭吉「御時務の儀に付申上候書付」(前掲『福沢諭吉全集』第二〇巻)五〜六頁
(43) 福沢諭吉「藤本元岱宛」書簡(『福沢諭吉全集』第一七巻、岩波書店、昭和四十六年二月)七三〜七四頁
(44) 前掲『鶯栖園遺稿』
(45) 前掲「福翁自伝」一七九頁
(46) 前掲『鶯栖園遺稿』
(47) 「中津の分限帳」(赤松文二郎編纂『郡誌後材扇城遺聞』中津小幡紀年図書館、昭和七年十二月)二四七〜二四八頁。姓名の誤りは訂正。
(48) 「進脩学館の事」(前掲『郡誌後材扇城遺聞』)四五〇頁
(49) 前掲『中津歴史』下、二六一頁

(50) 福沢諭吉「慶応三年の備忘録」(『福沢諭吉全集』第一九巻、岩波書店、昭和四十六年四月) 二八五頁
(51) 前掲「入門簿」一三五頁
(52) 福沢諭吉「手島春治宛」書簡解説 (『福沢諭吉全集』別巻、岩波書店、昭和四十四年十二月) 三三頁
(53) 前掲「入門簿」一〇二頁
(54) 横井忠輝『花陽日暦』元治二年二月三日条。大分県中津市鶴居、横井家文書
(55) 横井寿一郎『乾々録』慶応元年四月十一日条。大分県中津市鶴居、横井家文書
(56) 同右、慶応元年四月十三日条
(57) 前掲『鴬栖園遺稿』
(58) 同右
(59) 『課程録』大分県中津市鶴居、横井家文書
(60) 前掲『大分県人物志』三八二頁
(61) 「進脩学校職員任免の事」(前掲『郡誌後材扇城遺聞』) 四五四~四五六頁
(62) 喜田貞吉編輯『和田豊治伝』(和田豊治伝編纂所、大正十五年三月) 一五~一九頁
(63) 前掲『中津歴史』下、二四五頁
(64) 『国学者伝記集成』第二巻 (名著刊行会、昭和四十二年) 一五八八頁
(65) 「皇学校規則」(前掲『郡誌後材扇城遺聞』) 四六一頁。句読点は筆者。
(66) 同右、四六三頁
(67) 前掲『中津歴史』下、二四六頁

(68) 同右、二四六〜二四七頁
(69) 同右、二四七頁
(70) 前掲『大分県人物志』三三四頁

第四章　私塾の展開

(1) 江村北海「授業編」(黒川真道編『日本教育文庫 学校編』同文館、明治四十四年三月。昭和五十二年八月復刻、日本図書センター) 六三一頁
(2) 同右、六三二頁
(3) 同右、六三二〜六三三頁
(4) 同右、六三三〜六三四頁
(5) 同右、六三五頁
(6) 杉立義一「医家門人帳」解説(『京都の医学史 資料編』思文閣出版、昭和五十五年八月) 二三四頁
(7) 〈史料 京都の歴史〉第五巻『社会・文化』(平凡社、昭和五十九年三月) 四九九頁
(8) 『補訂版 国書総目録』第七巻(岩波書店、平成二年九月) 一八八頁
(9) 前掲「授業編」五七五頁
(10) 前掲「授業編」五七五頁
(11) 前掲「授業編」五七五〜五七六頁
(12) 以上の諸編は『江戸諸家人名録』上・下巻として『芸苑叢書』(風俗絵巻図画刊行会、大正七年十二月)

に入っている。

(13) 広瀬淡窓「儒林評」(日田郡教育会編輯『淡窓全集』中巻、大正十五年十一月。昭和四十六年二月復刻、思文閣) 八頁

(14)「塾制」(『梅園全集』下巻、弘道館、大正元年九月。昭和五十四年一月復刻、名著刊行会) 二九九〜三〇六頁

(15) 高野江基太郎『儒俠亀井南冥』(大正二年三月) 一一頁

(16) 脇蘭室「見し世の人の記」(『続日本随筆大成』第三巻、昭和五十四年十月) 一二頁

(17) 広瀬淡窓「懐旧楼筆記」(日田郡教育会編輯『淡窓全集』上巻、大正十五年十一月。昭和四十六年二月復刻、思文閣) 一二五〜一二六頁

(18) 同右、一二六〜一二八頁

(19) 広瀬淡窓「夜雨楼筆記」(日田郡教育会編輯『淡窓全集』上巻、大正十五年十一月。昭和四十六年二月復刻、思文閣) 一八〜一九頁

(20) 同右、一九頁

(21) 同右、一九頁

(22) 前掲「懐旧楼筆記」二四三頁

(23) 同右、二一七頁

(24) 広瀬淡窓「入門簿」(日田郡教育会編輯『淡窓全集』下巻、大正十五年十一月。昭和四十六年二月復刻、思文閣) 一頁

(25) 前掲「懐旧楼筆記」一七二頁
(26) 同右、二四三頁
(27) 「賀川門籍」(前掲『京都の医学史 資料編』) 三四二頁
(28) 「篠崎小竹門人録」(『名家門人録集』〈上方芸文叢刊〉5、上方芸文叢刊刊行会、昭和五十六年十一月) 一三八頁
(29) 「窪田次郎履歴」広島県深安郡加茂町粟根、窪田家文書
(30) 呉秀三『シーボルト先生3 その生涯及び功業』(平凡社東洋文庫、昭和四十三年六月) 一四〜一五頁
(31) 文部省編『日本教育史資料』三 (臨川書店、昭和四十五年二月) 二三一〜二三四頁
(32) 福沢諭吉「福翁自伝」(『福沢諭吉全集』第七巻、岩波書店、昭和四十五年四月) 五〇頁
(33) 同右、六八頁
(34) 同右、六九〜七〇頁
(35) 同右、七〇頁
(36) 久米邦武『久米博士九十年回顧録』上巻 (早稲田大学出版部、昭和九年七月) 五五八頁
(37) 幸田成友『改訂大塩平八郎』(創元社、昭和十七年八月) 九三〜九四頁
(38) 同右、二六八頁
(39) 「浮世の有様」(『世相』一〈日本庶民生活史料集成〉第一一巻、三一書房、昭和四十五年七月) 四二〇頁
(40) 前掲『改訂大塩平八郎』一三五頁

（41）同右、二六五頁
（42）生田万「中村鷲之助宛書簡」（伊東多三郎『国学者の道』野島出版、昭和四十六年三月）二二四頁
（43）「戊午幽室文稿」の中の「時勢論」（『吉田松陰全集』第四巻、岩波書店、昭和九年十二月）五六頁
（44）竜門社編『渋沢栄一伝記資料』第一巻（岩波書店、昭和十九年六月）五三二頁
（45）同右、五六四頁。以下、山口平八『桃井可堂』（文松堂出版、昭和十九年八月）に拠る。
（46）前掲『渋沢栄一伝記資料』第一巻、四九八〜四九九頁
（47）大町雅美『草莽の系譜――明治維新への底流』（三一書房、昭和四十五年七月）一六七頁
（47）同右、一七二頁

第五章　学校教育制度の成立と塾

（1）沢柳礼次郎『吾父　沢柳政太郎』（冨山房、昭和十二年十月。昭和六十二年九月復刻、大空社、〈伝記叢書〉3）二一〜二二頁
（2）星野天地『黙歩七十年』（聖文閣、昭和十三年十月。昭和五十八年四月復刻、日本図書センター、〈明治大正文学回想集成〉9）五六頁
（3）『二松学舎百年史』（二松学舎、昭和五十二年十月）二一八〜二一九頁
（4）覆面居士『波瀾曲折六十年』（大東書院、昭和二年十月）一九〜二〇頁
（5）正木直彦『回顧七十年』（学校美術協会出版部、昭和十二年四月）四二頁
（6）同右、四二頁

（7）同右、四一頁
（8）同右、四二〜四三頁
（9）田岡嶺雲「数奇伝」（『明治記録文学集』〈明治文学全集〉九六、筑摩書房、昭和四十二年九月）八一〜八二頁
（10）正岡子規『筆まかせ抄』（岩波文庫、昭和六十年二月）三五〜三六頁
（11）松本亦太郎『遊学行路の記』（第一公論社、昭和十四年十月）三五〜三八頁
（12）同右、四二頁
（13）本多静六『本多静六体験八十五年』（大日本雄弁会講談社、昭和二十七年二月）一六頁
（14）北村敬直編『夢の七十余年』（平凡社東洋文庫、昭和四十年四月）七頁
（15）大沢由也『青雲の時代史——芥舟録・一明治人の私記』（文一総合出版、昭和五十三年四月）五五頁
（16）同右、七〇〜七一頁
（17）岡田貞寛編『岡田啓介回顧録』（毎日新聞社、昭和五十二年十二月）一七頁
（18）山県悌三郎『児孫の為めに余の生涯を語る』（弘隆社、昭和六十二年七月）六五頁
（19）町田則文『明治国民教育史』（昭和出版社、昭和三年三月。昭和五十六年九月復刻、日本図書センター、〈教育名著叢書〉5）三七七頁
（20）小倉金之助『一数学者の回想』（筑摩叢書、昭和四十二年四月）二〇頁
（21）前掲『青雲の時代史』六六〜六七頁
（22）鳩山春子『我が自叙伝』（昭和四年十月）五四〜五五頁

(23) 片山潜『わが回想』上（徳間書房、昭和四十二年十月）一二三～一二五頁
(24) 三好愛吉「青年時代の回顧」（『物外三好愛吉先生』三好愛吉先生弔慰会、昭和六年二月）三六二～三六五頁
(25) 長岡高人『盛岡藩校作人館物語』（熊谷印刷出版部、昭和五十五年十一月）四一頁
(26) 春山作樹「記憶に残った明治教育」（『日本教育史論』国土社、昭和五十四年十月）三七〇頁
(27) 野上弥生子「その頃の思ひ出――師友のひとびと」（『作家の自伝44 野上弥生子』日本図書センター、平成九年四月）一二二～一二三頁
(28) 『北海部郡教育史』（大分県北海部郡教育会、昭和七年六月。昭和五十七年十月復刻、第一書房）一四二頁、一二九頁
(29) 福田英子『妾の生涯』（岩波文庫、昭和三十三年四月）一三頁
(30) 大岡信編『窪田空穂随筆集』（岩波文庫、平成十年六月）七三～七四頁
(31) 生方敏郎『明治大正見聞史』（春秋社、大正十五年十一月）二三頁
(32) 山川菊栄・向坂逸郎編『山川均自伝』（岩波書店、昭和三十六年十一月）一一六頁
(33) 仲田定之助『明治商売往来』（青蛙房、昭和四十四年一月）二七四頁
(34) 芥川竜之介「追憶」（『作家の自伝31 芥川龍之介』日本図書センター、平成七年十一月）一九五頁
(35) 谷崎潤一郎『幼少時代』（岩波文庫、平成十年四月）二九五頁
(36) 同右、二九五～二九八頁
(37) 同右、三〇一～三〇二頁

(38) 同右、三〇二～三〇三頁
(39) 『東京都教育史資料総覧』2（東京都立教育研究所、平成三年三月）二二六頁
(40) 前掲『明治商売往来』二七二頁
(41) 「東京府学事第26年報」（『東京都教育史資料総覧』3、東京都立教育研究所、平成五年三月）一五七頁
(42) 『東京府開学明細書』第五巻（東京都、昭和三十八年七月）一一四頁
(43) 長谷川如是閑『ある心の自叙伝』（筑摩叢書、昭和四十三年十一月）五二～五四頁
(44) 石井柏亭『柏亭自伝』（中央公論美術出版、昭和四十六年七月）一二～一五頁
(45) 前掲『東京府開学明細書』第五巻、五五～五六頁
(46) 室田伝右衛門「芳林小学校五十周年記念を祝って」（『芳林 五十周年記念誌』昭和三十四年二月）三五頁
(47) 東京都編『東京の各種学校』〈都史紀要〉17、昭和四十三年二月）三二頁
(48) 『市議会議事録』東京都公文書館蔵
(49) 前掲『明治商売往来』二七五頁
(50) 拙稿「東京熱」（『東京百年史』第三巻、東京都、昭和四十七年三月）三一四～三一五頁
(51) 前掲『筆まかせ抄』四〇頁
(52) 前掲『本多静六体験八十五年』三〇頁
(53) 同右、三一～三二頁
(54) 同右、三六頁
(55) 同右、三八頁

(56) 前掲『わが回想』上、一二九頁
(57) 同右、一三八～一三九頁
(58) 「綏猷堂門人録」（森銑三等編『随筆百花苑』第二巻、中央公論社、昭和五十九年九月）三四七頁
(59) 前掲『わが回想』上、一四〇～一四一頁
(60) 同右、一四二頁
(61) 同右、一五九頁
(62) 同右、一六一頁
(63) 前掲「綏猷堂門人録」三五一頁
(64) 前掲『わが回想』上、一六四頁
(65) 同右、一六五頁
(66) 同右、一七二頁
(67) 本富安四郎『地方生指針』（嵩山房、明治二十年六月。平成四年七月復刻、日本図書センター、〈近代日本青年期教育叢書〉第V期、第2巻）九頁。句読点は筆者。
(68) 同右、九頁
(69) 同右、九頁
(70) 同右、九頁
(71) 同右、一〇頁
(72) 佐々木憲護『日記式教育五十年自叙伝』（昭和二十九年十月）七～八頁

(73) 同右、八頁
(74) 同右、八頁
(75) 〈大分県教育百年史〉第三巻『資料編 (1)』(大分県教育委員会、昭和五十一年十一月)二八〇頁。句読点は筆者。
(76) 〈栃木県史〉『資料編・近現代八』(栃木県、昭和五十四年三月)九一~九二頁
(77) 前掲『東京都教育史資料総覧』2、三六〇頁
(78) 『下野教育会雑誌』第一〇八号、明治二十七年七月。第一〇九号、明治二十七年八月

第六章 新しい塾とその展開

(1) 山県悌三郎『児孫の為めに余の生涯を語る』(弘隆社、昭和六十二年七月)八二頁
(2) 同右、八三頁
(3) 同右、一六頁
(4) 同右、八三頁
(5) 「大津麟平氏」(『北雷田尻先生伝』上巻、田尻先生伝記及遺稿編纂会、昭和八年十月)三二三頁
(6) 「八代準氏」(前掲『北雷田尻先生伝』上巻)三三一頁
(7) 「清原徳次郎氏」(前掲『北雷田尻先生伝』上巻)三三八頁
(8) 大沢由也『青雲の時代史――芥舟録・一明治人の私記』(文一総合出版、昭和五十三年四月)一一八~一二九頁

(9) 長谷川如是閑『ある心の自叙伝』(筑摩叢書、昭和四十三年十一月) 五九頁
(10) 同右、五九~六〇頁
(11) 同右、七四頁
(12) 同右、六九頁
(13) 同右、六六頁
(14) 柳原極堂『友人子規』(前田出版社、昭和十八年二月。昭和五十六年六月復刻、青葉図書) 三四二頁
(15) 嘉納先生伝記編纂会編纂『嘉納治五郎』(講道館、昭和三十九年十月) 五三頁
(16) 同右、一一八頁
(17) 同右、一二一~一二二頁
(18) 同右、一二五~一二六頁
(19) 同右、一二七~一二八頁
(20) 同右、一二九頁
(21) 杉浦重剛「旧藩時代の教育」(明治教育史教育会編集『杉浦重剛全集』第六巻、杉浦重剛全集刊行会、昭和五十八年二月) 七六三頁。
(22) 「称好塾沿革略及紀事」(『称好塾報』称好塾、明治二十四年一月)
(23) 「毎週雑誌沿革略」(『称好塾報』明治三十年七月)
(24) 同右
(25) 『日本学園百年史』(日本学園、平成五年三月) 一四頁

(26) 「内規」(『称好塾報』明治二十四年七月)
(27) 「巌谷君演説」(『称好塾報』大正九年四月)
(28) 『称好塾報』明治二十三年八月
(29) 大町桂月・猪狩史山『杉浦重剛先生』(政教社、大正十三年六月)五五九頁
(30) 同右、五六五頁
(31) 同右、五六八頁
(32) 『称好塾報』明治二十八年七月
(33) 前掲『杉浦重剛先生』五六九頁
(34) 同右、五七九〜五八〇頁
(35) 『称好塾報』明治二十四年一月
(36) 同右
(37) 『称好塾報』明治二十四年七月
(38) 『称好塾報』明治二十五年一月
(39) 猪狩史山・中野刀水『杉浦重剛座談録』(岩波文庫、昭和六十一年四月)
(40) 田辺尚雄『明治音楽物語』(青蛙房、昭和四十年九月)一八六〜一八七頁
(41) 『称好塾報』明治三十六年十二月
(42) 「今井恒郎履歴書」(『杉並区教育史』上巻、杉並区教育委員会、昭和四十一年三月)五六三頁
(43) 同右、五六二頁

(44) 町田三郎「東京大学『古典講習科』の人々」(『明治の漢学者たち』研文出版、平成十年一月)一三五頁
(45) 前掲『日本学園百年史』三七～三九頁
(46)『称好塾報』明治二十九年六月
(47)『称好塾報』明治三十年七月
(48)『称好塾報』明治三十年十二月
(49)『称好塾報』明治三十一年十一月
(50)『称好塾報』明治三十二年八月
(51) 前掲『明治音楽物語』一八六頁
(52) 同右、一八六頁
(53) 同右、一八七頁
(54) 同右、一八八～一八九頁
(55) 同右、一九三頁
(56)『称好塾報』明治三十三年八月
(57)『称好塾報』明治三十三年十二月
(58) 前掲『明治音楽物語』一八八頁
(59) 今井政吉「済美と剛中先生」(前掲『杉並区教育史』上巻)五六〇頁
(60) 前掲『杉並区教育史』上巻、五六四～五六五頁
(61) 同右、五六六～五六七頁

(62) 同右、五六七~五六九頁
(63) 同右、五七一頁
(64) 中村浩『人間 中村春二』(岩崎美術社、昭和四十四年七月)二八頁
(65)『成蹊学園六十年史』(成蹊学園、昭和四十八年三月)二五頁
(66) 同右、二六頁
(67) 同右、三一頁
(68) 同右、三四~三五頁
(69) 同右、三七頁
(70) 同右、四七~四八頁
(71) 同右、五〇頁
(72) 同右、五三頁
(73) 同右、五五頁
(74) 同右、六一頁
(75) 同右、七五~七六頁
(76) 同右、七六~七七頁

第七章 塾の変化と受験塾

(1)『二松学舎百年史』(二松学舎、昭和五十二年十月)二〇二頁

(2) 同右、二〇五頁
(3) 同右、二〇六頁
(4) 同右、二〇六頁
(5) 「古久保家文書」(〈史料 京都の歴史〉第五巻『社会・文化』平凡社、昭和五十九年三月) 五〇二頁
(6) 小高敏郎『松永貞徳の研究』(至文堂、昭和二十八年十一月)。『新訂松永貞徳の研究』(臨川書店、昭和六十三年十月) 二〇二～二〇三頁。
(7) 加藤仁平『伊藤仁斎の学問と教育』(目黒書店、昭和十五年一月。昭和五十四年三月復刻、第一書房) 七三六頁
(8) 同右、七三六頁
(9) 山川菊栄・向坂逸郎編『山川均自伝』(岩波書店、昭和三十六年十一月) 一六九頁
(10) 同右、一六九頁
(11) 天野郁夫『試験の社会史』(東京大学出版会、昭和五十八年十月) 二一四～二一五頁
(12) 南安曇教育会・井口喜源治研究委員会編「年譜」(『井口喜源治と研成義塾』南安曇教育会、昭和五十六年三月) 八四四頁
(13) 「井口喜源治の書簡」(前掲『井口喜源治と研成義塾』) 七〇〇頁
(14) 宮沢正典「研成義塾」(同志社大学人文科学研究所編『松本平におけるキリスト教――井口喜源治と研成義塾』同朋舎出版、昭和五十四年十一月) 七三～七四頁
(15) 前掲『井口喜源治と研成義塾』二六二頁

(16) 生方敏郎『明治大正見聞史』（春秋社、大正十五年十一月）七一頁
(17) 〈日本近代教育百年史〉第四巻『学校教育』2、（国立教育研究所、昭和四十九年三月）一〇六二頁
(18) 石井柏亭『柏亭自伝』（中央公論美術出版、昭和四十六年七月）三三〜三四頁
(19) 同右、三四頁
(20) 高橋亀吉「私の履歴書」（『私の履歴書 文化人15』、日本経済新聞社、昭和五十九年五月）二三七〜二三八頁
(21) 桑原武夫『思い出すこと忘れえぬ人』（文芸春秋、昭和四十六年三月）六四〜六五頁
(22) 同右、一〇〇〜一〇一頁
(23) 松本重治（聞き手――加固寛子）『聞書・わが心の自叙伝』（講談社、平成四年二月）一九〜二〇頁
(24) 同右、二七〜二八頁
(25) 寺村紘二『浅草の小学生――子供大正世相誌』（下町タイムス、平成二年三月）七二頁
(26) 同右、一三〇〜一三一頁
(27) 同右、一三九頁
(28) 同右、一三九頁
(29) 同右、一四一頁
(30) 岡潔『春の草――私の生い立ち』（日本経済新聞社、昭和四十一年十月）八九〜九〇頁
(31) 原弘「懐旧 小学校時代」（『小四教育技術』小学館、昭和四十九年十月号）一五〜一六頁
(32) 桑原三二『旧制中学校の入学試験』（昭和六十一年十二月）八二〜八三頁

(33) 同右、八五頁
(34) 安田武『昭和東京私史』(新潮社、昭和五十七年十一月)一三一~一三二頁
(35) 同右、一三三頁
(36) 佐藤愛子『淑女失格』(日本経済新聞社、平成二年八月)三五~三六頁
(37) 同右、三七~三八頁
(38) 安藤正『大正っ子』(昭和五十五年五月)一八九~一九一頁
(39) 『杉並区教育史』下巻(杉並区教育委員会、昭和四十一年三月)二六~二七頁
(40) 安川茂雄『浅草私塾記』(有紀書房、昭和三十七年十月)二八五頁
(41) 同右、一六一頁
(42) 島本正「八十年の歴史を振り返って」(『塾は今、何を考えているか』評論社、昭和六十二年三月)二九頁
(43) 早船ちよ「本を焚く」(『女たちの八月十五日――もう一つの太平洋戦争』小学館ライブラリー68、平成七年二月)一五四~一五五頁
(44) 同右、一五五頁
(45) 前掲『浅草私塾記』二七〇~二七一頁
(46) 前掲「八十年の歴史を振り返って」三二頁
(47) 小倉堅次『ある一庶民の昭和史』(下)(文芸社、平成十四年五月)一三一~一三二頁

あとがき

塾という言葉を知ったのは徳冨蘆花の小説『思出の記』を読んだ時で、中学二年生だった。明治初期の熊本の西山塾という漢学塾がえがかれていた。私の経験した山村の風景と重なりあって、妙に懐しいものを感じた。

塾という言葉は使われなかったが、第二次世界大戦中、燈下管制の明かりの下に、村の青年たちが国民学校の校長の自宅に学習に来ていた。校長の息子の私も青年たちに混って、算数の問題を与えられ、考える場ともなった。戦後間もなく、英語の通訳をしていた人が疎開していて、そこにわずかの期間だったが、冬休みに英語を習いに行かされた。貴重な経験だった。

大学に入って日本教育史を専攻した私が、最初に手がけた研究は、「学制」頒布後の小学校設立をめぐるものであった。官庁文書ではなく、地《じ》方《かた》文書を通して小学校の設立過程を見ていくと、今までとは違った教育史の断面が見え始めた。私は今までとは違った角度から日本の教育制度の成立を追ってみたいと考えるようになっていった。

その頃私は結婚した。岳父は大分県日田市の高等学校の校長をしていた。日本の教育史の勉強をしている私は早速広瀬淡窓の史料拝観を岳父を通して申込んだが、返事は否定的なものであった。

それから三年ばかり経って、私は武蔵野美術大学に勤めることになったが、最初に着手したのが、窪田次郎の研究であった。啓蒙所の発案者である窪田には誰も手を着けてはいなかった。

大学に勤めて間もなく一人の老人が研究室を訪れた。中島市三郎氏だった。氏は『教聖広瀬淡窓の研究』『咸宜園と日本文化』などを小学校の校長をしながら纏められた人である。氏は咸宜園の若い研究者を求めている。石川謙先生の紹介だと述べた。

私の窪田の研究は未完だった。しかし大分に行ったついでに、一日中島市三郎氏に、日田の広瀬淡窓の案内をしていただいた。

五年ばかりして窪田の研究が一段落した時、ふと窪田の生涯を思った。窪田は塾の世界の中で育っていた。私の関心は塾の方向に旋回を始めていた。

塾を調べていくうちに、近世社会の教育の中で、塾が総体としてどういう位置を占めているのかという課題が浮かんできた。ある日講義中に、講義とは全く無関係に、この課題の端緒が頭をかすめた。次の課題は近世と現代の塾をつなぐ筋道を考えることであった。任意の学習集団としての塾の存在を把捉することすら儘ならなかった。まずそのことに時間がかかった。漸くそうした制約の中から塾の歴史の道筋がほの見えてきたという状態であろう。

ここまで塾の研究をすすめるにあたって、淡窓研究会（会長・故石川謙氏、石川松太郎氏）から、研究費（一期、二期）をいただいたこと、さらに研究の出版にあたって武蔵野美術大学出版助成金をいただいたことに感謝の辞を申し述べたいと思います。

最後に、編集にあたって、たいへん御世話になった遠藤卓哉氏に御礼の言葉を捧げます。

二〇〇四年三月

小久保明浩

小久保明浩（こくぼ　あきひろ）

一九三四年　栃木県に生まれる。
一九五六年　東京教育大学教育学部教育学科卒業。
一九六四年　東京教育大学大学院教育学研究科博士課程満期修了。
一九六四年　武蔵野美術短期大学専任講師（教育原理・教育史担当）。
一九九七年　武蔵野美術大学造形学部教授（教育学・道徳教育の研究担当）。
二〇〇四年　武蔵野美術大学退職。

共著に『東京百年史』第3巻（東京都、一九七二年）。論文に「郷校の成立と展開」「私塾の展開」（国立教育研究所編〈日本近代教育百年史3〉『学校教育』1、国立教育研究所、一九七四年）、「明治初期　福山地方における啓蒙運動と教育――窪田次郎を中心に」（世界教育史研究会編〈世界教育史大系1〉『日本教育史』1、講談社、一九七六年）、「中津における福沢諭吉の修学とその世界」（『福沢諭吉年鑑』9、福沢諭吉協会、一九八三年）、「近代における塾の研究㈠」（『武蔵野美術大学研究紀要』第23号、一九九二年）、「近代における塾の研究㈡」（『武蔵野美術大学研究紀要』第25号、一九九四年）ほか。

●MAUライブラリー②

塾の水脈

二〇〇四年四月一日初版発行

著　者——小久保明浩

発行者——小石新八

発行所——[株]武蔵野美術大学出版局
〒一八〇-八五六六　東京都武蔵野市吉祥寺東町三-三-七
電話：〇四二二-二三-〇八一〇(営業)／〇四二二-二二-八五八〇(編集部)
振替＝00180-9-573922
http://www.musabi.co.jp

印刷・製本——[株]精興社

ISBN 4-901631-62-4 C3037

●定価はカヴァーなどに表記してあります
●乱丁・落丁本はお取り替えいたします

ＭＡＵライブラリーの刊行によせて

真の人間的自由に達するような美術教育への願い。これが一九二九(昭和四)年に設立された帝国美術学校の精神であった。この建学の精神は、探究の深みと教養の広がりを求めるものとして、現在の武蔵野美術大学に受け継がれている。

今日、造形への期待が社会に高まり、美術やデザインは日常の生活といっそう密接に結びついている。大学の役割を考えるとき、つちかってきた教育と研究の成果がさまざまな形で社会に生かされることが期待される。その成果をわかりやすい形で読者のもとに届けることを使命として、武蔵野美術大学出版局は、ここに『ＭＡＵライブラリー』を創刊する。このライブラリーは、武蔵野美術大学にかかわるあらゆる領域、美術・デザインをはじめ、表現と文化のすべての分野に拡大されることとなる。

『ＭＡＵライブラリー』の刊行にあたり、広く読者にその意思を伝え、理解と協力を求めるものである。

二〇〇四年四月一日

武蔵野美術大学出版局